Cinco vidas recordadas

Por
Dolores Cannon

Traducido por:
Aitana K Von Loh & M. Eugenia (Nefer)
Revisado por: Valery C Rojas Caro

© 2009 por Dolores Cannon

Primera Impresión: 2009
Primera traducción al español: 2022

Todos los derechos están reservados. Parte del libro o en su totalidad no puede ser reproducido, transmitido o utilizado de cualquier forma o en cualquier manera, electrónica, fotográfica o mecánica, incluyendo el fotocopiado, grabaciones o cualquier otra información guardada y de sistema extraído sin permiso escrito de Ozark Mountain Publishing, Inc. A excepto de las frases breves que conforman en los artículos literarios y revisiones.

Para permiso, nuevo de series, condensación, adaptaciones o para nuestro catálogo de otras publicaciones escriba a: Ozark Mountain Publishing, Inc., P.O. Box 754, Huntsville, AR 72740-0754 Attn: Permission Department.

Librería del Congreso Catálogo en publicación Datos:
Cannon, Dolores, 1931- 2014
Cinco vidas recordadas, de Dolores Cannon
    La historia de los inicios de la hipnoterapeuta Dolores Cannon en el campo de la regresión y la exploración de vidas pasadas.

1. Dios fuente 2. sin cita previa 3. Hipnosis 4. Reencarnación 5. Metafísica
I. Cannon. Dolores, 1931-2014 II. Metafísica III. Título
Número de tarjeta del catálogo de la librería del congreso: 2022943957
ISBN: 978-1-956945-29-4

Diseño de portada y arte: Victoria Cooper Art
Traducido por: Aitana K Von Loh and M. Eugenia (Nefer)
Revisado por: Valery C Rojas Caro
Ilustraciones: Joe Alexander
Diseño del libro: Nancy Vernon
Ensamble en: Times New Roman
Publicado por:

P.O. Box 754 Huntsville, AR 72740-0754
Impreso en Estados Unidos de América

Tabla de contenido

Introducción	i
Capítulo 1: Preparando el escenario	1
Capítulo 2: Se levanta el telón	8
Capítulo 3: La cinta de comparación	20
Capítulo 4: La vida de June/Carol	37
Capítulo 5: La muerte de June/Carol	67
Capítulo 6: Conocemos a Jane	82
Capítulo 7: Sarah en Boston	111
Capítulo 8: Mary en Inglaterra	126
Capítulo 9: Fuerte Gretchen	134
Capítulo 10: Un espiritú creado	158
Capítulo 11: La vida como un espíritu	166
Capítulo 12: Un Espíritu mira al Futuro	180
Capítulo 13: Kennedy y el escorpión	193
Capítulo 14: Se cierra el telón	204
Epílogo	212
Acerca del Autor	217

Introducción

Desde 1979, he estado trabajando diligentemente en el campo de la reencarnación, terapia de vidas pasadas e investigación de vidas pasadas. En los inicios, a menudo esto no era tomado en serio por aquellos en el campo profesional, pero en los últimos años se ha convertido en una herramienta valiosa para el tratamiento de problemas de salud, fobias, alergias, problemas familiares, etc., que no responden a terapias convencionales. Muchos psicólogos la usan ahora, alegando que no importa si ellos o los clientes creen en la terapia de vidas pasadas. Lo importante es que ayude al cliente, y como tal, es una herramienta que vale la pena para explorar el subconsciente. Se ha descubierto que la raíz de muchos problemas provienen de traumas en otras vidas. A menudo no son causadas por una vida pasada, si no por un patrón repetido que se ha establecido y es tan fuerte, que se ha trasladado a la vida presente.

Este es el tipo de trabajo que he estado haciendo desde 1979. Sin embargo, muchos de aquellos que desean explorar sus vidas pasadas no estaban buscando respuestas a problemas de esta vida. Muchos de ellos vinieron a mi por curiosidad. Ellos simplemente querían ver si de verdad habían vivido anteriormente. A menudo, en casos en los que no había una meta o un objetivo real, el sujeto obtenía vidas pasadas que eran mundanas y ordinarias. Donde había una razón válida para explorar las porciones desconocidas de su mente, los resultados y la información a menudo podrían ser bastante sorprendentes. Lo increíble es que la mayoría obtienen información que sugiere que han vivido anteriormente. Cuanto más profundo es el nivel de trance hipnótico, más información se libera. He descubierto que los mejores sujetos para la investigación de la reencarnación son los sujetos sonámbulos. Estas personas pueden entrar al nivel más profundo con bastante facilidad, y mientras están ahí, literalmente se convierten en la personalidad de la vida pasada en cada detalle. Durante mis años de terapia e investigación, me he encontrado con cada ejemplo posible, pero ocasionalmente, descubría a alguien que vivió en un periodo de tiempo interesante o que conocía a una persona importante. Por lo tanto, escribí mis libros sobre estos casos interesantes. Esto ha producido la Trilogía de Conversaciones con Nostradamus, Jesús y los Esenios, Caminaron con Jesús, Entre la Muerte y la Vida, Un alma recuerda Hiroshima. Luego se expandió a mi trabajo con OVNI/Casos extraterrestres: Guardianes del Jardín, La leyenda de Starcrash, Legado de las Estrellas, Los Custodios, y finalmente sería la avanzada metafísica: El Universo Convolucionado. En el camino, mi trabajo con hipnosis se expandió a medida que ideé mi propia técnica especializada para ayudar a gente a curarse a través del uso de sus mentes, y contactar con su Yo Superior. Ahora estoy enseñando este método por todo el mundo. Todavía estoy escribiendo más libros relacionados con mis aventuras más allá de los portales del tiempo y el espacio.

Ocasionalmente, durante mis entrevistas en la radio, televisión o conferencias, se formulan las siguientes preguntas: "¿Cómo entraste en esto de todos modos? ¿Que te hizo empezar a hacer hipnosis?" Si el tiempo es abundante, intento explicar los comienzos. Si no hay suficiente tiempo, les digo que es una historia larga y que se cuenta en el primer libro que escribí, Cinco Vidas Recordadas. La gente está confusa, porque saben de la existencia de mis otros libros y preguntan, "¿Por qué no ha sido publicado ese? Y la respuesta es, "Lo intenté!" A menudo los libros están adelantados a su tiempo, y ese fue el caso con este. Cuando lo escribí no había librerías Nueva Era, y las librerías "normales" solo tenían un estante o menos, reservado para libros metafísicos. Era un género cuyo tiempo aún no había llegado. Lo envié una y otra vez, y solo recibí cartas de rechazo. Una editorial dijo: "Bueno, podríamos considerarlo si hubieras regresado a una famosa estrella de cine". Entonces tal vez alguien estaría interesado".

Después de años de intentarlo y no recibir nada más que angustia, guardé el manuscrito en mi archivador y seguí con mi trabajo. Eso no significó que dejé de escribir. Al contrario, cuando comencé mi terapia de regresión trabajé en serio, usé la información que llegó de varios clientes y comencé a escribir otros libros, mientras que Cinco Vidas Recordadas fue olvidada. Eventualmente tomó nueve años, mucha angustia continuada y desilusión antes de encontrar mi primer editor. Para ese momento ya había completado cinco libros más. Durante el camino, experimenté todas las desilusiones posibles que pueden sucederle a un autor. Muchas veces quise gritar, "¡No puedo hacerlo! ¡Duele demasiado!". Cada vez que llegaba a las profundidades de la desesperación, pensé que debería rendirme, arrojar el manuscrito contra la pared y regresar a la vida "normal", el pensamiento, "Está bien. Si quieres dejarlo, ¿qué vas a hacer con tu vida?" Vendría seguido de la respuesta, "No quiero hacer otra cosa que escribir". Así que lucharía por contener las lágrimas y comenzar un nuevo libro, no sabiendo si alguno de ellos alguna vez sería publicado.

Ahora cuando doy conferencias de escritura, les digo a los aspirantes a escritores: "Entonces, ya han escrito un libro, ¿y ahora qué? Ese primer libro puede que nunca sea publicado. Debes continuar escribiendo. Puede ser el segundo o el cuarto el que se publique. Si eres un verdadero escritor, no puedes no escribir. Se vuelve una compulsión tan grande, que preferirías escribir antes que comer. Cuando llegues a ese punto, conocerás tu misión. La energía que posee se habrá vuelto tan grande que los libros se materializarán porque es una ley del universo.

Resultó que fueron mi cuarto, quinto y sexto libro los que se publicaron primero (la trilogía de Nostradamus), y los otros luego siguieron. Ahora sé que ese período oscuro de mi vida fue mi tiempo de prueba. Me dieron la oportunidad de retroceder si quería. Una oportunidad de tener una vida normal si eso fuera lo que elegía. Ahora sé que una vez que una persona hace un compromiso, entonces no hay marcha atrás, o la persona nunca encontrará la felicidad. Es por eso que les digo a las personas que nunca abandonen su sueño. Mi tiempo de prueba pasó, el compromiso se hizo, y ahora mis libros están traducidos a al menos veinte idiomas. Se han convertido en seres vivos. Han creado una vida propia. Esto nunca hubiera sucedido si me hubiera dado por vencida.

Durante cuarenta años, desde mi comienzo en este campo, mis hijos y mis lectores han preguntado: "¿Por qué no publicas ese primer libro? Sabes que hay un interés, porque la gente siempre pregunta por tus comienzos." Han pasado muchas cosas desde que escribí ese libro en 1980, que pensé que parecería una historia simple e ingenua, especialmente en comparación con los avances que tengo hecho desde entonces. Así que el manuscrito languideció en mi archivador hasta principios de 2009. Lo volví a encontrar cuando estaba remodelando mi casa y limpiando mis viejos archivos. Cuando lo sostuve en mi mano, pareció decirme: "¡Es hora!". Se lo di a mi hija Julia y le pedí que lo leyera y me dijera qué pensaba. "¿Es demasiado viejo? ¿Está desactualizado? ¿Es muy simple e ingenuo? "

Su respuesta, después de que lo leyera, fue: "No, mamá, es un libro puente. Es una cápsula del tiempo, una parte de la historia. La gente necesita saber cómo comenzó, que no ha sido un viaje fácil". Así que aquí está, la introducción del proceso que me lanzó a esta inusual carrera.

Sí, es simple e ingenuo ya que así es la manera en la que yo y mi marido estábamos cuando descubrimos la regresión de una vida pasada, iteralmente nos tropezamos con ello mientras el hacia hipnosis rutinaria en 1968. No hay manera de contar la historia y omitir la maravilla y el asombro que sentimos en ese momento. Estábamos descubriendo y escuchando conceptos que eran totalmente desconocidos para nosotros. En aquel entonces solo había una pequeña cantidad de literatura sobre la reencarnación que fuera popular, y poco o nada sobre la hipnosis de regresión de vida pasada. La palabra Metafísica era desconocida y el término "Nueva Era" no estaba acuñado aún. La idea de conversar con gente después de que hubiera muerto y antes de que hubiera nacido, eran conceptos sorprendentes. Nosotros no teníamos preparación, asi que la historia está contada de la forma simple e ingenua en la que ocurrió. Esta es a menudo la manera en la que las cosas ocurren, a través de sucesos fortuitos y reuniones que alteran nuestras vidas y nuestras formas de pensar para siempre. A veces me pregunto qué camino hubiera escogido en esta parte de mi vida si no hubiera sido por nuestra aventura en la reencarnación en 1968. Aquello abrió una puerta que jamás podría ser cerrada, y estoy agradecida por ello. Lo más asombroso es que en mi investigación durante los años, ninguna de las ideas presentadas en este libro han sido alguna vez contradecidas. En su momento era frescas, sorprendentes e inusuales, pero durante los años intermedios han sido simplemente reforzadas por la validación de numerosos (miles) casos que repiten la misma información pero con diferentes palabras.

Bienvenidos a nuestra entrada en el mundo de lo desconocido.

Capítulo 1

Preparando el escenario

Este libro es la historia de un experimento hipnótico sobre el fenómeno de la reencarnación. Ocurrió en 1968 y fue dirigido por un grupo de personas comunes. Fue una aventura que tuvo un profundo efecto en sus vidas y sus pensamientos, para siempre. Pensé que sería muy útil compartir lo que descubrimos con los demás. Otros, que como nosotros en ese momento, buscaban a tientas algunas respuestas que tendrían sentido a partir de un mundo caótico que, en la superficie, parece no tener respuestas reales. Lo que encontramos ha ayudado a algunas personas y ha sorprendido a otras. Lo que encontramos cambió nuestra perspectiva de la vida y la muerte para siempre. Ya no podemos temer a la muerte porque ya no es el terrible desconocido.

Dije que era una aventura que involucraba gente ordinaria. ¿Pero quién es realmente ordinario? Cada criatura es creada por Dios y puesta en este planeta confuso y caótico y tiene alguna característica única que los distingue de todos los demás. Ciertamente, había mucho sobre Johnny Cannon que no era ordinario.

Si nuestra historia va a tener la credibilidad que merece, necesitas saber algo sobre las personas involucradas y cómo se produjo todo. Pero, ¿cómo puedes encapsular la vida de una persona en unos pocos párrafos cortos? Tendré que intentarlo.

Johnny Cannon nació en Kansas City, Missouri, en 1931 e ingresó en la Marina de los EE. UU. Cuando era un joven de 17 años. Incluso a esa tierna edad, tenía una calidad especial de calidez y preocupación amistosa por los demás que inspiraba confianza y afecto en casi todos que él conoció. Su coloración oscura, un legado de la cepa de sangre de los indios americanos en su ascendencia, dio un contraste sorprendente con sus sorprendentemente brillantes ojos azules. Ninguna imagen de Johnny Cannon estaría completa sin la inevitable taza de café en una mano y la pipa en la otra.

Johnny y yo nos casamos en 1951 cuando estaba destinado en St. Louis, Missouri. Durante sus 21 años en la Marina, ambos vimos gran parte del mundo. Fui con él tanto como pude, con cuatro hijos en el camino. Su trabajo como Air Controlman consistía en monitorizar el radioscopio y hablar con los pilotos de los aviones que aterrizaban y despegaban, tanto en los aeródromos como en los portaaviones.

Estuvimos estacionados en Sangley Point en las Islas Filipinas en 1960 cuando se interesó por el hipnotismo. En aquellos días antes de que estuviéramos involucrados en la Guerra de Vietnam, y antes de que el presidente Marcos se hiciera cargo del país, era un maravilloso lugar feliz; lo que la Marina llama una "buena base de servicio". Hubo mucho tiempo libre, viajes ocasionales a muchos lugares inolvidables, y una casa llena de sirvientes. Fueron unas vacaciones de dos años. En retrospectiva, aquellos fueron algunos de los días más felices de nuestras vidas.

Resultó que había otro hombre estacionado allí que era un hipnotizador profesional, que había sido entrenado en el Instituto de Hipnología de Nueva York. Con tanto tiempo libre, el hombre decidió dar lecciones de hipnotismo, y Johnny pensó que tomar el curso sería algo divertido que hacer. Pero se convirtió en un proceso largo y complicado, que abarcó aproximadamente seis meses. Muchos de los otros estudiantes perdieron interés y abandonaron. El instructor se estaba concentrando no sólo en la técnica, sino en todas las otras facetas del hipnotismo y la mente subconsciente. Por lo tanto, cuando uno hubiera completado el curso, estaría al tanto de los peligros que podrían resultar y cómo evitar las trampas. La principal preocupación era proteger el tema, y no tratar de usar el método de entretenimiento. Johnny terminó el curso y resultó ser muy hábil en el hipnotismo, aunque tuvo poca o ninguna ocasión de usarlo durante varios años. Otras cosas se interpusieron en el camino como la Guerra de Vietnam.

Regresamos a los Estados Unidos e intentamos cuidar a cuatro niños pequeños sin la ayuda de los criados a los que nos habíamos acostumbrado. Luego, inesperadamente, en 1963, Johnny recibió órdenes de presentarse en los EE. UU. Midway, un portaaviones, que estaba en el puerto de San Francisco preparándose para partir hacia el Pacífico. Las órdenes llegaron tan repentinamente que solo tuvimos dos días para deshacernos de nuestra casa, empaquetar nuestras pertenencias y partir. Todavía no me había recuperado completamente del nacimiento de un bebé muerto un mes antes, y esto fue una doble sorpresa. Cuando Johnny llegó a San Francisco, el barco ya había salido del puerto y tuvo que ser llevado en avión. Estaba en camino a Vietnam.

Así comenzaron tres años de soledad y una espera aparentemente interminable, mientras traté de criar a cuatro hijos con un ingreso limitado y sin un padre. Es una historia familiar para todos los que han estado en el servicio. El transportista fue el primero en llegar a Vietnam cuando la guerra se aceleró, y el primero en tirar las bombas. El barco recibió una multa por disparar al primer jet MIG de la guerra.

Después de lo que pareció una eternidad, Johnny estaba en casa otra vez y estábamos estacionados en una base de entrenamiento de jets en Beeville, Texas. En ese lugar cálido y árido, tratamos de recuperar los años perdidos y sus efectos en los niños. Aquí es donde comenzó nuestra aventura en 1968.

Curiosamente, comenzó con el gran susto de los cigarrillos. Se probaron muchos métodos para "dejar el hábito", y uno que demostró ser muy efectivo fue la hipnosis. No pasó mucho tiempo para que la gente descubriera que Johnny podía hipnotizar y comenzó a tener mucha demanda. Hubo muchos que querían dejar de fumar, perder peso, ganar peso, romper hábitos o aprender a relajarse. Encontramos todos los casos normales para los que se usa el hipnotismo. Había un hombre que tenía órdenes de ir a Vietnam y estaba tan molesto que no podía dormir. Johnny intentó ayudarlos a todos. Algunos ofrecieron pagar su tiempo, pero él siempre se negó. Estuve presente en todas sus sesiones, y fue fascinante verlo trabajar. Las cosas transcurrieron sin problemas durante varios meses y luego conocimos a Anita Martin (seudónimo).

Anita era una esposa de la Marina, de unos 30 años, con tres hijos. La habíamos conocido socialmente, ella y yo estábamos activas en el Navy Wives Club, pero nunca habíamos sido amigas cercanas. Anita era de descendencia alemana, rubia y clara, una persona amigable y católica por fe. Ella había estado yendo al médico de la Base para el tratamiento de problemas renales y presión arterial alta, los cuales se agravaron por el sobrepeso. Parecía que no podía perder peso y el médico tenía problemas para reducir su presión arterial. Todo esto, combinado con varios problemas personales, la había transformado en una comilona nerviosa. Nos preguntó si creíamos que la hipnosis podía ayudarla a relajarse, aliviar la tensión y evitar que comiera tanto.

Por lo general, Johnny no manejaba nada de naturaleza médica porque sabía que no estaba calificado en ese sentido. Pero el doctor nos conocía, y cuando Anita discutió con él sobre lo que quería hacer, estuvo de acuerdo en que no haría daño y que incluso podría ayudar. Él estaría monitorizando los resultados.

Cuando fuimos a la casa de Anita por primera vez, Johnny se sorprendió de que entrara en trance tan rápido. Realizó varias pruebas, pero resultó ser una de esas personas inusuales que pueden entrar inmediatamente en un trance profundo. Ella dijo más tarde que siempre había pensado que no tendría problemas para ser hipnotizada; por lo tanto, ella no tenía defensas mentales. Este tipo de sujeto se llama sonámbulo.

Johnny trabajó con ella durante muchas semanas y le dio sugerencias sobre cómo relajarse. Le dio sugerencias de que, si se sentía tentada a comer en exceso, debería atraer una imagen mental de una chica como la que quisiera lucir, y esto le impediría ir al refrigerador. Todo parecía estar funcionando porque el médico informó que por primera vez su presión arterial bajaba y que sus riñones estaban mejorando. Su peso también se redujo en una cantidad significativa. Eventualmente, mientras Johnny trabajaba con ella, su salud llegó al punto de estar muy cerca de lo normal.

En sus intentos por comprobar la validez de su trance, Johnny a menudo la regresaba a la infancia. En tales ocasiones, los dos estábamos profundamente impresionados por lo completa que era su regresión. Ella se volvía muy elocuente, hablaba y hablaba, entraba en detalles elaborados y requería poco o ningún estímulo. A diferencia de la mayoría de los sujetos hipnóticos que requieren una gran cantidad de preguntas para poner de manifiesto sus reacciones, ella parecía convertirse literalmente en la niña que había sido, tanto en el habla y gestos.

Un día ella comentó que había oído hablar de presuntas regresiones a vidas pasadas, y se preguntó si sabíamos algo de la idea de la reencarnación. También habíamos oído hablar de esas cosas, aunque en los años 60 no había tantos informes como hoy. La idea era nueva y sorprendente. Los únicos libros que habíamos leído en aquella época sobre la reencarnación y las regresiones hipnóticas a vidas pasadas fueron Morey Bernstein's Search for Bridey Murphy, y The Enigma of Reincarnation, de Brad Steiger. La búsqueda de Jess Stern para la chica de los ojos azules salió después de que terminamos nuestro experimento. Los muchos otros libros sobre este tema no aparecerán hasta la década de 1970. Por lo tanto, fue extremadamente difícil encontrar algo en forma de libro en 1968 para usar como guía.

Le dijimos que pensamos que el tema era muy intrigante, pero que no había encontrado a nadie antes que estuviera dispuesto a probar tal experimento. Tenía curiosidad por ver qué sucedería, si algo ocurría; pero todos estaríamos andando a tientas en la oscuridad. Sería un primer intento para todos nosotros. Johnny no tenía instrucciones sobre cómo proceder o qué resultados esperar. Nos estábamos moviendo hacia lo desconocido.

Teníamos una excelente grabadora, una gran y engorrosa cosa que utilizaba grandes rollos de cinta de 8". Se consideraba portátil, pero era difícil de transportar. Por lo tanto, esta fase del trabajo se realizó en nuestra casa.

Cuando llegó el día del experimento, todos estábamos emocionados y llenos de expectativas. Johnny dijo que era importante que no pusiera ninguna sugerencia en la mente de Anita, por lo que iba a ser extremadamente cuidadoso con lo que decía. No teníamos ni idea de qué esperar.

Esa fue la forma en que comenzó, como una curiosidad, una experiencia de una sola vez para experimentar y discutir más tarde. Poco sabíamos de que abriríamos la caja de Pandora. La grabadora estaba lista cuando Anita se instaló en el sillón reclinable y se metió rápida y fácilmente en un profundo trance, como muchas otras veces. Johnny la llevó lentamente a través de los años de su infancia.

Demasiado despacio, deliberadamente, como si temiera dar un salto más allá de lo conocido y lo familiar.

Primero, la vimos como una niña de diez años, hablando sobre un nuevo hogar permanente que su madre le había dado, y sobre una nueva palabra: "apóstrofe", había aprendido ese día en la escuela.

A continuación, era una niña de seis años, que había destapado algunos de sus regalos bajo el árbol de Navidad antes de lo que se suponía que debía hacer, y ahora estaba preocupada por cómo volver a envolverlos. Luego, como una niña de dos jugando en la bañera. Luego un bebé de un mes.

"Veo a un bebé en una cuna blanca", dijo. "¿Soy yo?"

Con una respiración profunda, Johnny dijo: "Voy a contar hasta cinco, y cuando llegue a los cinco, volverás antes de que nacieras. Uno, dos, tres, cuatro, cinco. ¿Qué ves?"

"¡Todo es negro!"

"¿Sabes dónde estás?" preguntó. Anita dijo que no.

Continuó, "Mientras cuento hasta diez, viajaremos aún más atrás ... ¿Qué ves ahora?"

"Estoy en un auto", respondió ella.

¿Qué? Esta fue una gran decepción emocional. Pensamos que si regresaba a una vida pasada, sin duda sería mucho antes del día del automóvil. ¿Pero un auto? Eso sonaba demasiado moderno. ¡Seguramente habíamos fallado!

"Es un auto grande, negro y brillante", exclamó. "Un Packard, y acabo de comprarlo".

"¿Lo hiciste? ¿En qué ciudad estamos?"

"Estamos en Illinois. Estamos en Chicago ".

"Ya veo. ¿Y en qué año es esto?

Anita se movió en la silla y literalmente se convirtió en otra persona. "¿No sabes en qué año es?" Ella se rió, "¡Bueno, tonto, es 1922!"

¡Lo logramos después de todo! Sabíamos que ella nació en esta vida presente en 1936. Por lo tanto, aparentemente ella había regresado a otra vida, aunque bastante reciente. Johnny y yo nos miramos estupefactos el uno al otro. Él sonrió levemente mientras intentaba pensar qué hacer a continuación. Ahora que la puerta estaba abierta, ¿cómo iba a proceder? Durante los siguientes meses, debíamos inventar nuestra propia técnica y método de procedimiento a medida que avanzábamos por un territorio inexplorado.

Capítulo 2

Se levanta el telón

No voy a intentar dar explicaciones para lo que sigue, ¿Quienes somos para saberlo? No voy a ofrecer teorías sobre la reencarnación. Hay muchos libros en el mercado que pueden hacerlo mejor. Lo que voy a presentar en los siguientes capítulos es un fenómeno y voy a contar el efecto que tiene para todos los implicados.

Empezamos como escépticos, pero ahora creemos. A través de nuestro experimento, creemos que la muerte no es el final, sino el comienzo. Nuestros hallazgos implican fuertemente que continuamos a través del tiempo y el espacio experimentando muchas existencias, un ser eternamente inmortal. Sabemos que aunque esta aventura nos ha pasado a nosotros, no podemos esperar que otros reaccionen de la misma manera. Pero muchos de los que escucharon las grabaciones han dicho que algo muy profundo dentro de ellos cambió. Lo que escucharon fue maravilloso e impresionante. Muchas de esas personas ya no temen a la vida, muerte o el más allá. Si se puede lograr etso para unos pocos, entonces vale la pena contarlo.

Entre la primavera y el otoño de 1968, tuvimos sesiones regulares donde Anita revivió aparentemente una serie de reencarnaciones. Intenté mediante muchas cartas y una gran cantidad de otras investigaciones, verificar algunas de sus declaraciones. Pero aunque su última vida terminó en 1927, un tiempo bastante reciente, era una tarea difícil si no imposible. A veces me emocionaron los resultados, pero con demasiada frecuencia me encontraba frustrada. Donde podía verificar algo, ya estaba dicho en la narrativa. Tal vez, alguien en alguna parte sabe más que nosotros, y podría proporcionar más pruebas de las que yo alguna vez podría esperar. Pero, como dijo Johnny, "Hay personas que naturalmente asumirán que todo es un engaño porque esas personas no nos conocen. Para ellos, ninguna cantidad de pruebas será suficiente, y para los que creen, no necesitan pruebas. Nosotros lo sabemos porque estábamos ahí."

Durante las sesiones, hubo muchas verificaciones y verificaciones cruzadas tal como reflejaban las preguntas de Johnny, para ver si Anita volvía a los mismos lugares y se referiría a las mismas personas cada vez. También hubo intentos de confundirla; ninguno tuvo éxito. Ella sabía quién y dónde estaba en todo momento. Por lo tanto, las piezas surgieron en muchas cintas. Algunas eran como las piezas de un rompecabezas, explicaban algo que ya había sido registrado anteriormente. Entonces, para mayor claridad y facilidad para seguir las historias, he agrupado la información sobre las distintas vidas y he dedicado un capítulo por separado a cada una. Es importante recordar que no ocurrieron en este orden, sin embargo, tienen mucho sentido cuando se unen. No he agregado nada, excepto nuestros comentarios. Una persona tendría que escuchar las grabaciones para sentir realmente las emociones y escuchar los diferentes dialectos y cambios de voz, pero trataré de interpretar lo mejor que pueda.

Así que se levante el telón en nuestra aventura.

Como se introdujo en el Capítulo I, la primera personalidad que encontramos en este viaje hacia atrás en el tiempo fue una mujer que vivía en Chicago en la década de 1920. El tono de su voz y los gestos eran sugestivos de un tipo de persona totalmente diferente a la que estaba en un profundo trance ante nosotros. Lo siguiente es parte de esa primera sesión para que el lector pueda conocer a ese personaje entretenido como lo hicimos nosotros. Otras partes de la primera sesión se incorporarán en los siguientes capítulos mientras coloco su colorida vida en orden cronológico.

Las letras "J" y "A" representarán a Johnny y Anita, y de vez en cuando omitiré el recuento y otros comentarios rutinarias durante la regresión para facilitar la lectura.

A: Estoy en un gran coche negro brillante. ¡Lo acabo de comprar! Un Packard!
J: *¿No sería genial, poseer un gran coche negro?*
A: (Su voz se volvió sexy) Tengo un montón de cosas bonitas.
J: *¿En qué año estamos?*
A: (Ríe) ¿No sabes en qué año estamos? Bueno, bobo, es 1922. Todo el mundo lo sabe.

J: *Bueno, pierdo la noción del tiempo fácilmente. ¿Cuantos años tienes?*
A: No se lo digo a cualquiera.
J: *Sí, lo sé; pero me lo puedes decir.*
A: Pues, tengo casi 50 ... pero aparento mas joven.
J: *Es verdad que lo haces. ¿En qué ciudad estamos?*
A: Chicago.
J: *¿Y cómo te llamas?*
A: Todos me llaman June, pero eso solo es un apodo porque él no quería que todos supieran mi verdadero nombre.
J: *¿Quién no quería que todos lo supieran?*
A: Mi novio. No creo que él quiera que su esposa lo sepa.

Esta observación fue un poco sorprendente, muy fuera de lugar para Anita. ¿Qué tipo de persona tenemos aquí?

J: *¿Cual es tu verdadero nombre?*
A: Carolyn Lambert.
J: *Y acabas de comprar este coche nuevo.*
A: Bueno, realmente me lo compró él y me va a enseñar a conducir, pero ahora tengo un conductor.
J: *Debes tener mucho dinero*
A: Mi novio si. Él me da todo lo que pido.
J: *Suena como un buen novio. ¿Cual es su nombre?*
A: No lo dirás?
J: *No, no se lo diré a nadie.*
A: Pues, su nombre es Al, y tiene un nombre italiano que me es difícil de pronunciar. Pero yo le llamo monada. Le hace reír, y me da más dinero.
J: *¿Dónde vive Al?*
A: Tiene una gran casa de ladrillo y vive con su esposa y 3 hijos.
J: *¿Has estado casada alguna vez?*
A: Una vez, cuando era muy joven. No sabía lo que estaba haciendo. Tenía unos 16 años, creo.
J: *¿Creciste allí en Chicago?*
A: No, en una granja cerca de Springfield.
J: *¿Cuándo fuiste a Chicago?*
A: Cuando conocí a Al.
J: *¿Te divorciaste de tu marido?*

A: No, solo le dejé. Es tonto.
J: *¿Qué tipo de trabajo estaba haciendo?*
A: (Desagradablemente) Agricultor.
J: *¿Tuviste hijos?*
A: No. No me gustan los niños. Ellos te atan.

Anita es de ascendencia alemana y tiene el pelo muy rubio con tez blanca. La siguiente pregunta de Johnny fue: "¿De qué color es tu cabello?"

A: Morena. Tengo un poco de gris ahora, pero no lo dejo mostrar. A Al le gusta que parezca joven.
J: *¿Cuántos años tiene Al?*
A: No me lo dice, pero creo que es más mayor que yo. Cuando vamos a sitios, la gente le dice que soy hermosa, y eso le gusta.
J: *¿Oh? ¿A qué tipo de sitios vas?*
A: Vamos a todo tipo de sitios, lugares que ni siquiera se supone que debemos ir.
J: *¿Has estado en alguna fiesta realmente grande últimamente?*
A: Bueno, fuimos a una fiesta grande en la casa del Alcalde.
J: *¿El alcalde?*
A: Eso fue lo que me dijeron. Tiene una casa grande en el campo. Todos estaban allí, muchísimas personas. Al conoce a todos.
J: *(Recordando que esto hubiera sido aparentemente durante la Prohibición.) ¿Qué bebiste en la fiesta?*
A: No me dijeron de qué se trataba, pero madre mía, sabía horrible. Fue un sabor extraño.
J: *¿Crees que fue lo que ellos llaman "gin de baño"? (Aparentemente se refería a la ginebra "bañera")*
A: (Risa Grande) Pues, Al dijo que alguien debe haberse meado en ello, ¡así que podría ser! (Ríe)
J: *Sí. Tienes que traer un montón de cosas desde fuera de Canadá.*
A: ¿Tu crees? Al sabe de ello.
J: *¿En qué tipo de negocio está Al? ¿Tiene algún chanchullo por allí?*
A: Creo que sí. No me lo dice, porque dice que si sé algo, pueden obligarme a contarlo. Entonces no me dice mucho porque no quiere que me pase algo.

J: *Bien, ahora voy a contar hasta cinco, y según cuento volverás a cuando estabas en Springfield. Dieciséis años, es el día en el que te casas. ¿Qué clase de día es?*

El cambio fue inmediato.

A: Invierno. Hace mucho frío. Casi no puedo mantenerme caliente. Hay un gran incendio y el viento está aullando. Simplemente no hay forma de mantenerse caliente.

Su voz había cambiado de la mujer sexy a una chica rural más joven.

J: *¿Dónde estás?*
A: En la sala de estar.
J: *¿A qué hora te vas a casar?*
A: Justo después del almuerzo.
J: *¿Y cuánto tiempo tenemos que esperar ahora?*
A: Estamos esperando al Pastor. Creo que viene del pueblo. El caballo es lento, se está volviendo viejo supongo.
J: *Y el hombre con el que te estás casando, ¿cómo se llama?*
A: Carl. Carl Steiner.
J: *¿Entonces serás la Sra. Carol Steiner?*
A: (Disgustada) No por mucho tiempo, espero.
J. (Obviamente sorprendido) *Oh, no querías ... ¿Por qué te casas?*
A: Papá dijo que tenía que hacerlo. No puedo ser una solterona, Mi papá dijo que él era un buen partido. Carl es rico; tiene muchas tierras.
J: *¿Justo alrededor de Springfield?*
A: Sí, no muy lejos.
J: *¿Fuiste a la escuela secundaria?*
A: No, no fui a la escuela.
J: *¿En absoluto?*
A: Bueno, fui a uno o dos grados, pero mi padre dijo que las chicas no tienen que aprender absolutamente nada. Todo lo que debes hacer es tener bebés y cocinar.
J: *¿Y en qué año estamos que te vas a casar?*

A: Pues, es alrededor de 1909, 1907. De todos modos, no hace ninguna diferencia. ¡No me voy a quedar casada más de lo que pueda aguantar!

J: *¿Has estado trabajando en la ciudad?*

A: No, trabajo en la maldita granja. (Disgustada) Trabaja, trabaja, trabaja, cocina, cultiva, ayuda a cuidar a los niños.

J: *¿Tienes muchos hermanos y hermanas?*

A: Si, tengo un montón. Siete hermanos y cuatro hermanas.

J: *Con todos esos hermanos, deberían hacer ellos el trabajo agrícola.*

A: Bueno, algunos de ellos son pequeños. Aún no han crecido mucho. Intentan ayudar pero pienso que son flojos.

J: *Veamos, ¿te llamas Lambert? ¿De qué nacionalidad eres?*

A: Bueno, creo que es inglesa.

J: *¿Y cuál es el nombre de tu padre?*

A: ¿El nombre de papá? Edward.

J: *¿Y el nombre de tu madre?*

A: Mary.

J: *¿Han vivido siempre en la granja?*

A: Bueno, yo nací aquí, pero creo que ellos vinieron de otro lugar hace mucho tiempo. Yo nací en esta casa.

J: *¿Cuántas habitaciones hay en tu casa?*

A: Trés.

J: *¿No está eso abarrotado con tanta gente?*

A: Oh, tenemos un ático y un desván. ¡ese viento está aullando! Espero que ese hombre no aparezca.

J: *¿El pastor o Carl?*

A: Ninguno de los dos.

J: *¿Carl todavía no ha llegado?*

A: Oh, creo que está hablando con papá en el granero. (Con tristeza) Le está dando dinero por mi. Sé que lo está haciendo.

J: *¿Quieres decir que te está comprando?*

A: Yo creo que sí. Una cosa está clara, estoy segura de que no me casaría con él si no fuera por papá.

J: *¿Tu papá es un hombre estricto?*

A: Bueno, es mejor que hagas lo que dice.

J: *¿Dónde está tu madre? ¿Está lista?*

A: Sí, está lista. Ella sigue diciendome, "No llores. Todos deben casarse. Es lo que se supone que debes hacer."

J: *Oh, ¿está feliz de que te cases?*

A: No creo que ella esté feliz. No creo que ella esté nada.

Llegado este punto, Anita se adelantó a la época en que Carol tenía 22 años, y preguntó qué estaba haciendo.

A: Preparándome para huir de la maldita granja vieja.
J: *¿Sigue teniendo Carl todo su dinero?*
A: Lo debería tener. No me dió nada de ello.
J: *¿No lo hizo? ¿Lo tiene enterrado detrás del establo en alguna parte?*
A: (No pensó que fuera gracioso.) ¡Si supiera dónde está, lo tendría!
J: *Veamos. ¿Has estado casada unos seis años, no?*
A: Casi. Pronto será seis años en este otoño, este invierno.
J: *¿Tienes hijos?*
A: (Disgustada) No dejo que ese hombre me toque.
J: *¿Qué has estado haciendo, solo cultivando?*
A: Tengo que hacer parte del trabajo. Tenemos algunas personas contratadas, pero no lo hacen todo. Tengo que cocinar para ellos.
J: *¿A dónde piensas ir cuando te escapas?*
A: (Orgullosa) Voy a ir a una gran ciudad. Voy a Chicago.
J: *¿Vas tú sola?*
A: No. Me voy con Al.
J: *¿Dónde conociste a Al?*
A: En una tienda en Springfield. Una tienda general.
J: *Mientras estabas allí haciendo tus compras?*
A: Solo mirando.
J: *¿Qué estaba haciendo Al?*
A: (Rie) Mirándome. Entonces él simplemente se acercó, me dijo que era guapa y me preguntó por mi nombre.
J: *Parece que a Al realmente le gustas. ¿Te llevará a Chicago?*
A: Sí. Voy a ir a un baile.

Cuando Anita se despertó más tarde, dijo que tenía una impresión de la escena aquí mencionada. Era como los restos de un sueño que tiene una persona tiene al despertar, cuando uno todavía puede recordar trozos y piezas antes de desvanecerse. Ella dijo que tenía el pelo largo y negro y que estaba descalza. Vio a este hombre parado allí, moreno y guapo, un poco bajito, vestido con un traje a rayas y polainas. Era el tipo de hombre que seguramente causaría una gran impresión en esta simple campesina. Aparentemente, la atracción fue mutua.

J: *¿Cuando vas a huir?*
A: Me iré esta noche cuando oscurezca.
J: *¿Viene Al a la granja para recogerte?*
A: Sí, hemos quedado en la puerta.
J: *¿Tiene un coche?*
A: Sí. No muchas personas disponen de coches. Así es como supe de inmediato que tenía dinero. Se viste de lujo. Llegará aquí muy pronto. Está muy oscuro.
J: *¿Te preguntas qué está haciendo Carl?*
A: Está dormido en su habitación.
J: *Se sorprenderá cuando se despierte y no estés, ¿verdad?*
A: (Risa corta) Maldito viejo tonto.
J: *¿Tienes toda tu ropa lista?*
A: (Sarcásticamente) Sí, ambos vestidos. Já!
J: *¿Eso es todo que te compró Carl? ¿Dos vestidos?*
A: (Enfadada) No los compró. Los hice yo.
J: *Oh. ¿Puedes coser bien?*
A: No muy bien, pero es mejor que ir desnuda. Ese hombre no gasta nada. (Pausa larga) ¡No puedo esperar!
J: *Bueno, muy pronto estarás en Chicago y la pasarás muy bien.*
A: Sí. (Pausa. Un poco triste.) Sé que está casado. No me importa. Me dijo que estaba casado, que no puede casarse conmigo, porque ya está casado.
J: *¿Hace cuánto tiempo que lo conoces?*
A: Lo conocí el otro día. Solo sabíamos de inmediato que todo lo que queríamos hacer era huír. (Pausa, entonces ella se puso tan emocionada que casi se levantó de la silla.) ¡Aquí viene! (Agitó su brazo salvajemente en el aire.) ¡Aquí estoy! ¡Aquí estoy!
J: *¿Tiene sus faros encendidos?*
A: Sí, las linternas.
J: *¿Sabes qué tipo de coche tiene Al?*
A: (Orgullosamente) Es un Stanley Steamer. Él solo tiene lo mejor.
J: *Probablemente pagó mucho dinero por ese coche.*
A: Lo tiene y lo gastará.

En ese momento, ninguno de nosotros tenía la menor idea de lo que era un Stanley Steamer. Después de investigar, las imágenes muestran que el viejo automóvil sí tenía linternas y faros. Debido a que funcionaba por vapor, era silencioso, y habría sido fácil conducir hasta la granja sin crear mucho ruido.

J: *Bueno, ¿estás de camino ahora?*
A: Sí, hay bastante camino por recorrer. Sé que tenemos que ir al norte. Nos detendremos un par de noches. Tiene que hacer algunos negocios por el camino. Tambien tiene que ver a algunas personas.
J: *¿Dónde?*
A: No lo sé. Estoy esperando en una casa de huéspedes. Una ciudad muy pequeña, Upton o Updike, algo así, un pequeño lugar. Un lugar divertido para hacer negocios. Vamos a pasar la noche aquí. Me dijo que simplemente le esperara y mantuviera la boca cerrada. No decir a nadie nada.
J: *¿Entonces irás a Chicago mañana?*
A: Tan pronto como podamos. Al dijo que me iba a enseñar todo tipo de cosas, hablar bonito, caminar bien. ¡Incluso voy a tener un corsé!
J: *(Sorprendido) ¿Un corsé? ¿Necesitas un corsé?*

A: No creo, porque soy muy delgada, pero todas las señoritas usan corsés debajo de la ropa. Voy a tener todo.
J: *¿Crees que Al te cuidará bien?*
A: Soy su chica. Nunca me faltará nada.

Llegado este punto, después de una pausa, pareció adelantarse en el tiempo sin que se lo pidiera. Después de un poco de confusión, pudimos establecer dónde estaba.

A: No tengo que cocinar. No tengo que hacer nada. Tengo a negros por toda la casa. Vivimos en una casa grande. No puede quedarse conmigo todo el tiempo, pero está aquí la mayor parte del tiempo.
J: *¿Oh? ¿Cuanto de grande es tu casa?*
A: Dieciocho habitaciones.
J: *¿Cual es tu direccion?*
A: Está en una carretera. Está un poco fuera de la ciudad. Muy privado, para que nadie vea quién va y viene. Eso es lo único que no me gusta. Me gustaba cuando vivíamos en la ciudad. Ahí podía caminar al centro de la ciudad en cualquier momento que quisiera. Pero Al dice que es mejor no ser visto demasiado.
J: *¿Dónde vivías en la ciudad?*
A: Cuando vivíamos en el hotel The Gibson House. Estaba justo en el centro.

Más tarde, cuando investigué, descubrí que en el Chicago City Directory de 1917 incluía el Hotel Gibson, 665 West 63rd St.

A: Pero ahora vamos a fiestas privadas; no puedo ir al centro siempre.
J: *¿Fiestas privadas en diferentes casas?*
A: ¡Y hago algunas fiestas aquí también, muchacho!
J: *¿En qué año estamos ahora?*
A: Pues, creo que es 1925.
J: *Y compraste esta casa ...*
A: (Interrumpiendo) No compramos la casa. ¡Lo construyó para mí!
J: Oh, *¿lo hizo? ¿Mientras vivías en el hotel?*
A: Esa es la razón por la que me quedaba en el hotel, mientras él construía la casa.
J: *¿Lo viste mientras se estaba construyendo?*

A: Solía salir y mirarlo. Me dijo que no había nada bueno para mí. Incluso pusimos baños de mármol adentro. Es el más bonito de Lake Road.

J: *¿Puedes ver el lago desde tu casa?*

A: Sí, desde la terraza se puede ver. Solemos comer mucho ahí. Está todo acristalado. Incluso podemos comer allí en invierno.

J: *La terraza tiene vista al lago?*

A: Está un poco lejos, pero se puede ver claramente.

J: *¿Cuántos años tienes ahora, Carol?*

A: No me gusta decirle a la gente la edad qué tengo. Estoy tratando terriblemente de mantenerme joven. Porque no quiero que Al me reemplace por alguien.

J: *Oh, no creo que Al te abandone. ¿Ha estado correteando por ahi?*

A: No lo dice, pero creo que sí. No viene tantas noches como solía hacerlo. Sigue siendo bueno conmigo, me da muchas cosas. Ropa preciosa. Puedo ir a cualquier tienda y comprar lo que quiera. Me conocen.

J: *Y ¿Él paga por ellos?*

A: Supongo que sí. Solo voy y les digo lo que quiero. A veces los llamo y les digo qué traer. Escojo y lo que no quiero, se los devuelvo. Esto es vivir. ¡Esto es vivir! No fue así en la granja.

J: *No, supongo que no. ¿Alguna vez Carl te buscó?*

A: No lo creo. Al y yo pensamos que era demasiado tonto de todos modos. Era viejo. Solo quería que trabajara para él y para mirarme, tocarme y mirarme. Era muy viejo ... 60, 65, un viejo calvo.

J: *Entonces él podría ya estar muerto.*

A: Ay, probablemente lo esté.

J: *¿Crees que alguna vez tus familiares fueron a la ciudad?*

A: Ja! Ya era un gran día para ellos ir a comprar en Springfield. ¡Ja! No lo creerían si pudieran verme. Mi pobre madre trabajó hasta la muerte. Pero estoy segura que yo no lo haré. Me estoy cuidando.

El resto de esta sesión se incluirá en varios lugares en los siguientes capítulos. Después de despertar a Anita, estaba muy sorprendida de la historia que había contado. Mientras tomábamos una taza de café en la cocina, estuvimos discutiendo los detalles mientras nos miraba sin comprender. Esta fue la primera vez que descubrimos que el tipo de personas sonámbulas entran tan profundamente en el trance que no tienen memoria al despertarse. Para ellos, es similar a tomar una pequeña siesta. Ella no tenía conocimiento consciente de convertirse literalmente en otra persona. Teníamos miedo de que ella pudiera sentirse avergonzada o incluso insultada porque June / Carol eran tan diferente a su propio personaje. Pero ella dijo que no se sentía de esa manera. Podía entender los motivos detrás de las acciones de Carol que la hicieron comportarse como lo hizo. Carol había sido una chica confundida e infeliz que vivía en esa granja. No es de extrañar que se hubiera escapado con Al en la primera oportunidad que tuviese. Anita sintió pena por ella y no la juzgó.

Sin embargo, algo le molestaba: el período de tiempo. Ella no tenía absolutamente ningún interés sobre la época de los años veinte y sabía muy poco al respecto. Lo que le molestaba era la violencia de ese período de tiempo cuando las pandillas proliferaban en Chicago. Anita tenía una terrible aversión a la violencia en cualquier forma. Este miedo inexplicable la había perseguido toda su vida, pero parecía no tener ninguna base. Debido a esta incomodidad irracional, solo veía comedias en la televisión. El popular programa de televisión "Los Intocables" aún se mostraba en las pantallas de cada casa en este momento en 1968. Trataba sobre a la época a la que había regresado, pero este era precisamente el tipo de programa que no vería. Ella dijo que si algún miembro de su familia miraba esos programas, siempre encontraba algo que hacer en la cocina. ¿Fue su aversión a la violencia causada por algo ocurrido en una vida anterior? Ella no había estado expuesta a ninguna violencia indebida en esta vida y era una persona muy tranquila y sin pretensiones. Esta posibilidad sería investigado en futuras sesiones, ahora que ya hemos roto la barrera del pasado.

Además, Anita nunca había estado en Chicago. Ella nació y se crió en Missouri.

Esa noche, cuando Anita llegó a casa, sacó todos los libros que tenía, incluso los que estaban empaquetados. Estaba buscando algo que podría haber leído que podría haber desencadenado una vida o fantasía en ese período de tiempo. No pudo encontrar nada. Ella dijo que si investigábamos ese período de tiempo, no quería saber nada de ello. No quería poner nada en su mente que pudiera influir en las próximas sesiones. Aunque estaba confundida, también sentía curiosidad y deseaba continuar.

Capítulo 3

La cinta de comparación

En la siguiente sesión, Johnny quería ver si Anita volvería a la misma personalidad que habíamos conocido la semana anterior. Si ella regresaba, él le haría preguntas sobre el período de tiempo y trataría de confundirla para ver si ella sería coherente en sus respuestas. Además, los años en la primera cinta no coinciden. Carol no podía tener 16 años en 1907 si tenía casi 50 años en 1922. Por lo tanto, en esta sesión intentaríamos aclarar el elemento del tiempo. Aprendería años más tarde que este es un problema común al lidiar con regresiones. Los sujetos a menudo se confunden con el tiempo tal como lo conocemos, especialmente la primera vez que experimentan una regresión. Otros escritores han sugerido que podemos tratar con una parte del cerebro que no reconoce el tiempo.

Pensamos que también sería interesante si pudiéramos encontrar alguna información que pueda ser verificada y documentada. Después de todo, la vida de June / Carol solo había sucedido 40 años antes. Seguramente, hubo registros de un tiempo tan reciente. Pero nos esperaban algunas sorpresas.

Anita se sentó en su silla, lista para la segunda grabación, y estábamos ansiosos por ver si June / Carol haría otra aparición.

Anita sufrió una regresión en su vida actual y luego le dijeron que fuera a 1926.

J: *Qué ves ahora?*
A: Estoy en mi patio.
J: *¿Y, dónde vives?*
A: Vivo en esta casa de ladrillo rojo. Tiene blanco, persianas y terraza. Y todo es rojo y blanco.
J: *¿Qué ciudad es esta?*
A: Está en Chicago.

J: ¿Y cuál es tu nombre?
A: Solo una o dos personas saben mi verdadero nombre. Todos me llaman June.
J: ¿June? Éso es bonito.
A: Bonito como un día de verano. Junio es en verano. Fue entonces cuando elegimos ese nombre, en junio. Fue un día bonito, soy una chica bonita, así que elegimos a June.
J: ¿Cual es tu apellido?
A: Ya no tengo un apellido. Solo June.

Parecía como si la misma personalidad hubiera regresado.

J: Dime tu nombre real
A: Carol Steiner.
J: Y vives aquí en esta casa de ladrillo rojo con persianas blancas. ¿Cual es la dirección?
A: No tiene un número; está en Lake Road. Es bonito. Hay árboles allí. Puedes ver el lago desde la terraza.
J: ¿Cuánto tiempo has vivido en Chicago?
A: Vine aquí en... ah... déjame ver, ha pasado mucho tiempo ahora. He estado aquí unos 15 años, creo, o 16 años... tal vez 16 años este otoño.
J: Eso es mucho tiempo. Te mudaste a Chicago desde otro lugar?
A: Yo vine de la granja.
J: ¿Dónde estaba la granja... en Chicago? (Él estaba tratando de confundirla)
A: Oh no. Chicago es una gran ciudad.
J: Oh, ¿lo es? ¿Dónde estaba la granja?
A: Cerca de Springfield.
J: ¿Eso es en Illinois?
A: Si.
J: Bueno, estaba pensando... que hay un Springfield en Missouri también. Creo que he escuchado eso en alguna parte.
A: (Ríe) Nunca he oído hablar de eso. Nunca he oído hablar de eso en mi vida.
J: ¿Alguna vez oíste de Missouri?
A: Bueno, alguien me dijo que estaba justo al lado de Illinois, pero nunca pude verlo.

En realidad, en esta vida presente, Anita creció en el estado de Missouri.

J: *¿Qué haces todo el tiempo? ¿Cuál es tu trabajo?*
A: ¡Oh no! Tengo esta casa y me entretengo mucho. Tengo flores de las que me ocupo.
J: *¿Tienes muchas fiestas en tu casa?*
A: Oh, sí, tengo muchas fiestas. Y solo voy a lugares y me mantengo ocupada, si lo intento.
J: *¿Quién viene a tus fiestas?*
A: Amigos de Al. Sus amigos de negocios.
J: *¿Quién es Al?*
A: Al vive aquí conmigo.
J: *¿Es ese Al Steiner? (Estaba jugando un truco de nuevo.)*
A: (Riéndose) No, su nombre no es Steiner.
J: *¿Cúal es su nombre?*
A: Es un nombre italiano. Se supone que no debo decírselo a nadie.
J: *El apellido de Al no es Capone, ¿verdad?*

Johnny estaba pensando en el famoso mafioso de Chicago de la época de 1920. June rápidamente se puso a la defensiva.

A: Nunca lo llames por su apellido. Me dijo que no me preocupara por nada, que solo mantuviera la boca cerrada. Que no haga preguntas y que hiciera lo que me dice y estaré bien.
J: *Oh, está bien. Puedes contarme lo.*
A: Bueno, (vacilando) ... no lo dirá?
J: *No, no lo diré.*
A: Es Gagiliano (fonético).
J: *Gugiliano. ¿Lo estoy diciendo bien?*
A: Ga… Gagiliano. Es un nombre gracioso, ¿no crees? Casi no podía decirlo al principio. Tienes que ser un Italiano me dijo, pero (risita) no lo soy.
J: *¿Es Al un hombre apuesto?*
A: Él es muy apuesto.
J: *¿Qué edad tiene Al?*
A: Él nunca me dice. Si le pregunto, se ríe y dice que tiene edad suficiente.
J: *¿Y cuántos años tienes tu?*

A: Bueno, creo que tengo más o menos la edad de Al. (Ella estaba molesta.) No soy muy vieja, no creo... pero parezco mayor, y... parece que... (dicho con dolor) ... ¿Tengo que decírtelo?
J: Bueno, si te molesta, no tienes que hacerlo.
A: No quiero que Al lo sepa con certeza.
J: Oh, bueno, no se lo diré a Al. Esto es solo entre tú y yo.
A: Bueno, estoy muy cerca de los 40. No quiero envejecer, pero supongo que tengo que hacerlo. (Esto sonó como una mentira obvia, por razones obvias.) Miento acerca de eso. Nunca le digo cuándo es mi cumpleaños.
J: ¿Que se detenga alrededor de 29?
A: Sí, creo que tendre 27 para siempre.
J: Veamos, ¿prefieres que te llame June o Carol?
A: Mejor llámame June. Al se enfadaría si escuchara que me llamas Carol.
J: De acuerdo, June.

Intentó pasar a otro tema y encontrar algo que pudiera verificarse.

J: ¿Vas al cine?
A: No, no debo salir mucho durante el día.
J: ¿Qué hay de la tarde? ¿Sales al teatro, o tal vez a un espectáculo?
A: Vamos a ver espectáculos ... vaudeville. Es el que más me gusta. Fuimos a ver a Al Jolson el mes pasado.
J: ¿En qué teatro fue eso?
A: El Teatro Palace.

Esto estaba verificado. El teatro Palace estaba y está ubicado en la calle 159 W. Randolph en Chicago.

J: ¿Cuesta mucho entrar en un espectáculo como ese?
A: No sé lo que cuesta Solo le pregunto a Al si puedo ir, y él me lleva si es posible. A veces, él está muy ocupado, pero generalmente obtengo lo que quiero.
J: ¿Tienen alguna muestra de películas en Chicago?
A: Escuché que ahora tienen dos o tres. Fui a algunas. La gente perdía el tiempo; no se ven normal en la película. (Risa) Simplemente no se mueven como la gente normal.
J: ¿Hablan en la película?

A: Oh, eso es nuevo, solo en los últimos años... pero ahora pueden hablar. Solía haber palabras ahí arriba, pero ahora hablan.
J: ¿Has estado en una de esas películas?
A: Sí, fui. Era nuevo y quería ver cómo era.
J: Veamos ... ¿tienes un fonógrafo en tu habitación?
A: Claro, tengo todos los registros.
J: ¿Cuál es tu favorito?
A: Me gustan los que hablan.
J: ¿Los que hablan? ¿De qué hablan?
A: Ya sabes, la de los dos negros que hablan en el registro, y dicen: "¿Cuánto cuesta la mantequilla?" Y él le dice: "Lawd, no puedo permitirme eso. Solo envíame grasa para el eje" (Esto dicho con un acento negro).
J: (Ríe fuerte) Oye, eso suena como si fuera directo de vaudeville.
A: Sí, eso es lo que son. Y Jolson ha hecho algunos registros. Tengo el suyo.
J: ¿Te gusta Al Jolson?
A: Sí, hasta que ... realmente no me gusta esa cosa negra en su cara. No sé por qué un hombre blanco quiere verse así. Cuando no se lo pone se le ve bastante bien.
J: ¿Tienes una radio?
A: Si tengo una. Escucho música en ella.
J: ¿Qué estación te gusta más?
A: No sé el nombre de la estación. Lo configuro a 65, y todo entra. (Aquí, Anita levantó la mano e hizo los movimientos de girar un gran dial.) Hay otros diferentes, pero tienes que girar una pequeña cosa. Seis y cinco es lo mejor.

Esto también fue verificado. La estación de radio de Chicago WMAQ, que se estableció en 1922, se encuentra a 67 megahercios en el dial.

J: ¿Tienen música todo el tiempo?
A: La mayor parte del tiempo
J: ¿Qué tipo de música te gusta más?
A: Me gusta el Charleston. Es nuevo y es muy divertido.
J: ¿Qué es eso?

A: Es un pequeño y precioso baile. Rápido. Feliz. Yo bailo mucho. Cuando empiezo a bailar, todos se quedan atrás y miran. Soy bastante buena, ¡está bien!
J: *¿Qué bailes sabes bailar?*
A: Oh, puedo hacer el Charleston, y ... puedo hacer el Hoochie - Coochie, donde vas muy abajo. Es más divertido que cosas como el Fox Trot. El Waltz... es muy lento. Me gusta la musica rapida
J: *¿Alguna vez oíste hablar de un baile llamado Black   Bottom?*
A: Sí, ese es del que te hablé. Lo llamo, simplemente hacer el baile de Hoochie-Coochie. Bajas al suelo, y te mueves desde abajo hasta arriba.

No sabía si ella tenía razón o no, pero esa descripción seguramente encajaría con el nombre Black Bottom.

J: *¿Cómo va el Charleston? ¿Puedes tararear me un poco?*
A: (Tarareaba la melodía tradicional a la que normalmente se baila el Charleston) ... y puedes bailar con Charley Boy, Charley My Boy. Esa es una buena forma de bailar. Te paras en un punto y pones un pie adelante y el otro pie atrás ... un pie adelante y el otro pie atrás. Puedes hacer todo tipo de cosas. Lo estoy aprendiendo, pero lo estoy haciendo bastante bien. Voy a aprenderlo mejor.
J: *No he visto eso nunca.*
A: ¿No? ¿Nunca sales de casa?
J: *Claro, de vez en cuando.*
A: ¿Y nunca lo tuvieron en ninguna de las fiestas en las que estabas?
J: *No. Bueno, dijiste que era nuevo.*
A: Bueno, todos han escuchado sobre ello! ¡Es lo último! (Exasperada) ¿Estás seguro de que no lo has escuchado?
J: *Tal vez lo escuché y simplemente no sabía lo que era.*
A: ¡Hombre! ¡No estás viviendo!
J: *(Ríe fuerte. Se notaba que solo la estaba tomando el pelo). Entonces te gusta bailar. ¿Cantas también?*
A: ¡No! Al bromea de eso. Él dice que ni siquiera hablo muy bonito. (Risa) A veces digo cosas que no son correctas, dice. Debería hablar mejor. Pero yo solo me río. No es un acento italiano de todos modos. (Risa) Vuelvo, nadie obtiene lo mejor de mí.
J: *¿Qué tipo de vestidos usas cuando haces el Charlestón?*

A: Podría contarte sobre mi favorito. Es de color dorado, y tiene filas y filas de flecos, y cuando bailo, todos tiemblan y brillan. Es tan lindo. Y llevo zapatillas doradas.

J: *¿Cuánto de largo el vestido?*

A: Bueno, no es muy largo, ¡eso puedo decírtelo! No me gustan muy largos. Si tienes piernas bonitas, deberías mostrarlas. Lo llevo para que puedas ver el colorete en mis rodillas.

J: *¿Qué es eso? ¿Colorete de rodillas?*

A: ¡Por supuesto! Todos hacen eso.

J: *¿Tienes maquillaje en tu cara?*

A: Claro, algo. Me pongo un poco de colorete porque no quiero parecer demasiado pálida.

J: *¿De qué color es tu cabello?*

A: Por qué, soy una morena.

J: *Es eso natural, o ...*

A: (Indignada) ¡Siempre fui una morena!

J: *Bueno, sabes que algunas chicas se ponen algún tipo de cosas en el pelo y para cambiar el color.*

A: No le cambio el color. Yo solo ... me cubro un poco aquí y allá. Un poco de gris no se ve muy bonito. Yo cubro eso. ¡Eso es todo! Mi cabello siempre ha sido oscuro.

J: *Leí en alguna parte que si te comías un huevo crudo de vez en cuando, realmente hacía que tu cabello fuera bonito. ¿Alguna vez oíste hablar de eso?*

A: Yeeyukk! Pon huevos en tu champú.

J: *Oh, ¿es eso lo que se supone que debes hacer?*

A: Batir el huevo y ponerlo en el champú.

J: *¿Y eso hace que tu cabello sea bonito?*

A: Brilla. Suave y brillante.

J: *¿Cómo es tu cabello?*

A: Bueno, está cortado muy corto, y lo peino con mi flequillo. Puedes verlo. Y se riza un poco delante de mis oídos. Lo mantengo corto. Cuando lo corté, a Al no le gustó mucho. Todo el mundo tenía el pelo largo, y cuando empezaron a cortarlo, yo era una de las primeras. Chico, es genial!

J: *¿Tienes joyas?*

A: Tengo muchas joyas. Pero mi favorita es un anillo de esmeralda. Es uno grande. Lo tengo en este momento. ¿Ves? (Anita levantó su mano izquierda.)

J: *No, ni siquiera me di cuenta. Debo estar medio ciego.*
A: Bueno, se trata de mi nudillo. ¡No te lo podrías haber perdido!
J: *(Con humor oculto) Tienes razón. Simplemente no lo estaba buscando. ¿No estás preocupada por perderlo?*
A: No, esta apretado. ¿Ves? (Hizo movimientos con la mano como si exhibiera un anillo [invisible para nosotros], y lo movió con los otros dedos de esa mano.) Lo uso todo el tiempo. Si uso un vestido rojo y Al dice que no queda bien, pero yo solo me río. Le digo que es mío y lo llevo puesto. Pero ahora mismo, estoy aquí cortando mis flores, mis rosas. Voy a ponerlas en el piano.
J: *¿Qué tipo de piano tienes?*
A: Uno blanco. Me gusta todo blanco.
J: *¿Puedes tocar el piano?*
A: Puedo tocarlo. Estábamos en un club una vez y les pedí que me dejaran tocar un poco. Todos rieron. Sabían que no podía hacerlo, pero podía tocar la melodía bastante bien. Toqué una canción sobre ... oh, es una canción antigua sobre lunas y rosas. Fue allí cuando toqué por primera vez. Y a Al le gustó, tanto que me compró un piano y me dijo que lo practicara. No quería uno de esos que bombeas y toca solo. No me gustan esos. No son tan divertidos. Quiero aprender a hacerlo yo misma.
J: *Eso es bueno. Cuéntame sobre tu casa.*
A: Es una gran casa grande con 18 habitaciones. Amo esta casa, nunca me sacarán de aquí. No me gusta irme ni siquiera de la noche a la mañana. Al construyó esta casa para mí. A veces vienen personas y se quedan un tiempo. Mi habitación está arriba, la primera habitación que se abre en la terraza.
J: *¿Me describirías tu habitación? Nunca la he visto.*
A: Tengo satin en las paredes... no lo llamas satin en las paredes, sino damasco. Brilla como el satin, estampado. Es como un papel de colgadura, pero es material. Y las cortinas coinciden. Y mi alfombra es blanca Es una habitación hermosa; todo está en rosa, azul y blanco. Tengo una cama grande con grandes columnas que sostienen una cubierta de satin.

El diccionario define el damasco como un tejido rico y estampado de algodón, seda o lana.

J: *Supongo que lo construiste tal como lo querías y nunca quisiste cambiar nada.*

A: Oh, a veces cambio el color de la pared o, ya sabes, le pongo cosas nuevas. A Al le gusta comprar muebles nuevos a veces. Pero a mi me gusta tal y como es. Ni siquiera me gusta mover mis muebles. Quiero mi cama justo donde está. Lo tengo como quiero, como un sueño.

J: *¿Tienes un baño en tu habitación?*

A: Justo fuera de mi habitación. Está hecho en mármol blanco. Incluso tengo manijas plateadas en el baño. Y la tina está hecha de mármol también. Tomo baños de leche y baños de burbujas, baños calientes y baños fríos.

J: *¿Baños de leche? ¿Quieres decir que te bañas en leche?*

A: No es realmente leche. Lo llaman un baño de leche. Hace que el agua se vea algo divertida. Se supone que es muy bueno para mi piel.

J: *(Intentando otro truco.) ¿A quién le compraste la casa?*

A: La casa fue construida para mí. Al tuvo un hombre que lo construyó. Tenía que ser perfecta. Les tomó más de un año casi construirla. No me pude mudar de inmediato.

J: *¿En qué año fue cuando terminaron de construirla?*

A: Oh, ya sabes, han sido hace varios años. Me mudé a esta casa cuando terminamos una habitación con muebles aquí. Yo quería mudarme de inmediato. No pude sacar todo el resto por un par de días. Y le dije a Al, solo llévame allí. Me quedaré en eso como es. Él solo se rió de mí, dijo que no íbamos a dormir en ese sofá. (Risas) Dormimos en el suelo.

J: *¿Qué habitación era esa primera habitación de muebles?*

A: Bueno, no lo usamos mucho ahora. Es esa habitación principal junto a la puerta de entrada. Justo al lado del pasillo.

J: *¿Parlor?*

A: Sí. Tengo uno más grande en el otro lado.

J: *¿Qué fueron esas primeras cosas que tienes?*

A: Ah, algunas sillas y una cosa llamada chaise lounge. Vi eso y me reí. Dije que el hombre que hizo eso estaba loco. No sabía si estaba haciendo una cama o una silla. Al lo puso en uno de los dormitorios ahora. Acabamos de comprar algunos muebles nuevos.

J: *Apuesto a que cuesta mucho dinero.*

A: Lo tenemos. Compramos algunas sillas con patas pequeñas y asientos a rayas. Creo que se supone que son antiguos. Y me río de eso porque realmente no creo que sean antiguos. Pero se supone que todos deben tener muebles elegantes, así que Al quería que los tuviera. No me gusta todo, pero Al lo quería. Es todo el estilo tener este tipo de cosas. Le dije que dejara mi habitación sola. Es como lo quiero. Y él se rió y dijo, está bien.

J: *¿Quiere cambiar la otra parte de la casa donde entra la gente?*

A: Sí, todas estas pequeñas sillas y sofás no se ven muy cómodos. Así que tenemos muchas habitaciones. Si cuentas dónde viven las criadas y todo, hay más de 20.

J: *Bueno, supongo que tienes un montón de casa para cuidar con 18 habitaciones. ¿Cómo la mantienes limpia?*

A: Tengo todas estas criadas negras. Algunas para limpiar de arriba a abajo, y cocinar y todo. Mucha ayuda. Algunas cosas las hago sola, pero no muchas.

J: *¿Qué haces tú sola?*

A: Bueno, algunas noches preparo la cena solo para mí y para Al. A él le gusta que le prepare huevos con salsa española caliente. Probé con espagueti, pero no puedo hacer eso en absoluto. Él lo hace por mí. Su mamá le enseñó a hacerlo. Tienes que sostener la albóndiga justo cuando la modelas, y dorarla, o no sabe bien. (Hizo movimientos con las manos, como dar forma a una albóndiga).

J: *¿Ese es todo el secreto?*

A: Ese es uno de ellos. Debe haber muchos porque lo he intentado y no puedo aprender.

J: *¿Qué te gusta comer?*

A: Bueno, me gusta el hígado picado. Es muy bueno. Creo que le ponen cebollas, algunas. La cocinera me cocina muy bien. Ella ha estado aquí desde que tuvimos la casa. Ella es vieja; ella ha cocinado durante años y años.

J: *Tienes un lugar donde puedes sentarte en la terraza y comer, ¿no?*

A: ¡Oh sí! Es agradable. Yo como afuera muchas veces. A Al le gusta.

J: *¿Qué dirección es esa? Cuando sales a la terraza y miras fuera de la casa, ¿qué dirección estás mirando? ¿Es hacia el oeste, o hacia el este, o ...*

A: Bueno, es hacia el agua. Supongo que es hacia el este. No lo sé. Creo que es hacia el este porque... sí, está hacia el este. Está soleado por la mañana, demasiado temprano. Mantengo las cortinas levantadas. No como el desayuno ahí fuera. Si el sol es demasiado brillante, no me gusta. Me hace, ya sabes ... muestra líneas en tu cara con una luz muy brillante. Puse tres juegos de cortinas en esa ventana. Las pongo muy finas; una especie de tipo weavy; y sobre eso tengo las pesadas. Puedo tenerlo tan claro o tan oscuro como quiera.

J: *¿Quieres decir que tienes tres conjuntos, uno encima del otro? Realmente cortaran la luz de la habitación entonces.*

A: Todo menos ese tragaluz. Deja entrar un montón de sol por la tarde. No puedes hacer nada con eso. Incluso tuve que ... eso es algo que cambié. Puse algunas vidrieras allí arriba. Hice un pequeño patrón.

J: *Como una iglesia, ¿eh?*

A: ¡Oh, no, no! No es nada como eso. Les hice hacer pequeñas flores y hojas allí arriba. Y cuando el sol brilla, hay pequeñas flores en el piso. Se ve bonita habitación bonita.

J: *Veamos. Me imagino que hace frío por allí. ¿Tienes abrigos gruesos?*

A: Oh, sí. Tengo todo tipo. ¿De qué tipo quieres? ¿Quieres usar uno?

J: *No, solo me preguntaba. ¿Tienes un abrigo de visón?*

A: Tengo un poco de abrigos de pelo... un abrigo de castor y tengo un abrigo de armiño. Me gusta el armiño porque es blanco. Hace que mi cabello parezca más negro que nunca. Y hace que mis ojos azules se vean bonitos también.

J: *¿Tienes un coche?*

A: Tengo un hombre que me lleva a donde quiero ir en el coche que Al me compró. Es negro, ¡el más brillante! Es un Packard, muy grande. Son el mejor tipo.

J: *¿El más cómodo?*

A: No sé si es el más cómodo. Nunca he estado en otro, excepto el Steamer, pero Al dice que cuestan más, así que deben ser los mejores. Entonces eso es lo que compra. Me gusta.

J: *¿Su conductor lo mantiene brillante todo el tiempo?*

A: No tiene sentido tener un buen coche si no te ocupas de él.

J: *¿Pero no sabes cómo conducir?*

A: Oh, puedo conducir si es necesario, pero prefiero simplemente sentarme y dejar que lo haga. Le pagan por hacerlo. De esa forma,

Al conoce todos los lugares a los que voy. Hay algunos lugares a los que se supone que no debo ir.

J: ¿Dónde?
A: Lugares del centro. No voy a ningún lado donde él trabaje.
J: ¿Dónde trabaja Al?
A: Él nunca me dice con seguridad. (Ella se puso seria.) Está haciendo algo, creo. Porque cuando le pregunto, se enfada. Él me dice que tome mi salsa y me calle. Y no me gusta que hable así. Entonces no le pregunto mucho.
J: ¿Hay otros lugares a los que se supone que no debes ir?
A: Bueno, se supone que debo alejarme de donde van toda esa gentuza de la sociedad. Lugares para almorzar y cosas así. Tienen un restaurante allí, y hay lugares en el hotel the Bartlett House. Y van a lugares para espectáculos de estilo.
J: ¿Y Al no quiere que vayas a ninguna de esas cosas?
A: No, porque él dice que sabemos demasiado. Podría equivocarme y decir algo.
J: Bueno, Chicago es un gran lugar.
A: Está creciendo rápido. Al dice que no ha parado desde el incendio.
J: ¿Qué incendio?
A: Bueno, hace mucho tiempo hubo un gran incendio aquí y casi todo se quemó, bloques y bloques. Y ahora, cada día hay algo nuevo en marcha.

Ella se refería al gran incendio de Chicago que ocurrió en 1871 y destruyó una gran parte de la ciudad.

J: *¿Ves muchos edificios nuevos ahora?*
A: Cuando llego al centro si. Es un bloque completo, casi, de tiendas. Habrá todo tipo de tiendas allí.
J: *¿En qué calle está?*
A: No me acuerdo. Está justo al lado del estado, a la vuelta de la esquina. No solía ser una calle, pero ahora va a ser hermosa.
J: *¿Alguna vez vas a algún parque?*
A: Oh, hacemos hermosos picnics junto al lago, y hay muchos parques. A Al no le gusta tanto. Puedo ir a dar una vuelta, y conducir, y algunas veces puedo ir a dar largos paseos.
J: *Dices que puedes conducir ese coche, pero tienes un chófer.*
A: Puedo conducir cuando es necesario. Cuando obtuve el Packard, me dijo que debería aprender cómo. El hombre que conduce me enseñó.
J: *¿Su coche es del tipo con cambio de marchas en el suelo?*
A: Sí, y odio eso. Me olvido y me mezclo. Le hago algo cuando lo olvido. Cuesta dinero para repararlo.
J: *¿Cómo enciendes el coche?*

Johnny estaba pensando que algunos autos tenían que ser accionados durante ese período de tiempo.

A: Solo llamo y le digo que quiero el coche, y quiero conducirlo, y lo llevan a la puerta. No recuerdo haberlo encendido nunca. Él vive allí mismo en el garaje, y él ... yo nunca tengo que encenderlo.
J: *(Estaba tratando de pensar en más preguntas). ¿Sabes lo que es un avión?*
A: Los escuché hablar sobre ellos, pero no creo haber visto ninguno. Dicen que habrá aviones que harán cosas fantásticas. Simplemente pueden subirse a un avión e ir a cualquier parte del mundo, dicen. ¡Nunca me atraparán en una de esas cosas! Tengo miedo de algo así. No creo que parezca correcto estar allí arriba.

Esa fue una declaración extraña para alguien cuyo marido estaba estacionado en una base de entrenamiento de jet.

J: *Bueno, June, voy a contar hasta cinco y será el año 1910. (Él contó). Es 1910, ¿qué estás haciendo?*
A: Es dia de mudanza. Saldré de este maldito hotel.
J: *¿Qué hotel?*
A: He estado viviendo en el Gibson.
J: *¿En qué calle está?*
A: Está en esta calle principal aquí en la ciudad.
J: *¿A dónde te estás mudando?*
A: La casa que hemos estado construyendo. ¡Hemos estado construyendo tanto que parece una eternidad! Pero podremos mudarnos hoy.
J: *¿Tienes muchas cosas aqui en el hotel para trastear?*
A: No, pero hemos escogido los muebles y los vamos a llevar.
J: *Hey... ¿Qué llevas puesto hoy?*
A: Mi vestido largo verde. Fue hecho para mí, con todos estos botones y las mangas grandes, de gran tamaño, abultadas, mangas de cordero

Creo que esto es lo que llamaron mangas Leg-of-Mutton de pierna de cordero.

J: *¿Se ven tus rodillas?*

Esto fue un truco, qué mal sentido del humor.

A: (Sorprendida) ¡Oh, no! ¡No señor!
J: *¿Qué tipo de zapatos tienes?*
A: Por qué, tienen botones en ellos, por supuesto.
J: *¿Crees que alguna vez llegará el día en que los zapatos no usen botones?*
A: Bueno, no puedo imaginar eso. ¡La gente podría ver tu tobillo! Incluso debes tener cuidado de subirte al carro, para que no vean tu tobillo. ¡Los hombres siempre están tratando de ver tus tobillos!

Las cosas cambiaron en 16 años. Las comparaciones entre los períodos de tiempo fueron increíbles y divertidas. Johnny estaba disfrutando esto.

J: *¿Cómo arreglas tu cabello?*
A: Es muy largo, pero está arreglado en la parte superior de forma elevada. Nunca lo han cortado desde hace mucho tiempo, como puedo recordar. Es horrible tener que lavarlo y cepillarlo. Te lleva un día entero, prácticamente, lavarse el cabello.
J: *¿Alguna vez has pensado en cortarlo realmente corto?*
A: Bueno, si todos los demás lo hicieran, seguramente sería la primera en probarlo. Le dije a Al que quería cortármelo como el de un hombre. Lo haría, solo lo cortaría en la parte posterior. Pero Al dijo que la parte trasera no era muy bonita, ¡así que, que no me lo cortara así
J: *(Se rió de su broma.) ¿Te pones maquillaje en la cara?*
A: Un poco de polvo de arroz. Hace que luzca tersa y agradable.
J: *¿Qué hay del colorete?*
A: (Conmocionada de nuevo) ¡Oh, no! Solo pellizcas tus mejillas de vez en cuando, y puedes morderte los labios realmente fuerte y se mantendrán rojos por un tiempo.
J: *¿Eso no duele?*
A: Bueno, sí, pero tienes que hacerlo si quieres verte bonita. Yo uso avena en mi piel... que me ayuda. La pongo en una bolsita y me doy una palmadita en la cara cuando me la lavo. (Ella siguió acariciando la cara). Dejas el agua de avena allí. Se queda y elimina esas arrugas.
J: *¿Esta la avena cruda o cocida?*
A: (Riéndose) Bueno, tonto, ¡no podrías poner avena cocida en una bolsa! ¡Eres gracioso! No sabes mucho sobre mujeres, ¿verdad?
J: *No, en realidad no.*
A: Hablas como si vinieras de Springfield. No saben nada allí.
J: *De ahí es de donde eres, ¿verdad?*
A: Cerca de ahí. Yo no nací en la ciudad. Fue en una granja.
J: *¿Cuanto de lejos estaba Springfield de la granja?*
A: Alrededor de un día de viaje en el tren. En dirección al sur, creo.
J: *No tenían autos como lo hacen ahora, ¿verdad?*
A: Ahora tienen algunos autos, ¿sabes? Esto es 1910! Pero mi papá nunca tuvo coche porque no tenía mucho dinero.
J: *¿Tienes un coche ahora?*
A: Al tiene uno.
J: *¿No tienes uno tú misma?*

A: No es mío. No necesito un coche. Voy con Al cuando él necesita que lo haga.
J: *¿Nunca vas a ningún lado cuando Al no está cerca para llevarte?*
A: Bueno, al principio estaba asustada, y Al solía burlarse de mí por ser una pequeña campesina. Me dijo que ahora tengo zapatos, para poder caminar por mi misma.
J: *(Gran risa) ¿Qué tipo de auto tiene Al?*
A: Un Stanley Steamer.

Estaba recordando las imágenes que habíamos encontrado en la enciclopedia.

J: *¿Tiene un techo?*
A: Montamos con eso quitado.
J: *¿Se lo quitas?*
A: No creo que se quite. Creo que se pliega en algún lugar. Te da mucha brisa. (Ella le dio unas palmaditas en el pelo.) Y te deja el cabello suelto.
J: *¿Qué pasa cuando llueve?*
A: ¡Tienes sentido comun suficiente como para permanecer fuera de la lluvia, supongo!
J: *(Risa) ¿El coche hace mucho ruido? (Habíamos leído que eran autos silenciosos).*
A: No, no.
J: *¿Qué tan rápido va el coche de Al?*
A: Bueno, es bastante imprudente. A veces sube ... a 15 millas por hora, tal vez más. Le dije que al principio me quitaría los ojos de la cara y me dijo que no, que no lo haría. ¡Me lo mostraría! Estaba muy asustada al principio.

En este punto, Johnny la llevó a otras escenas que se incorporarán en el próximo capítulo. Dejamos intacta esta porción para mostrar la comparación entre los dos períodos de tiempo. Hubo tantos cambios en el estilo de vida en una mera década. Incluso si la mente de Anita estuviera inventando una fantasía, parecería muy difícil evitar que las diferencias se mezclen entre sí. Es notable que los mantuvo separados y retuvo la personalidad de cada período de tiempo. June / Carol surgió como una persona muy real con un sentido del humor único.

Definitivamente ella no era un plegable de cartón jugando un rol, ni un zombie obedeciendo órdenes ciegamente.

Chapter 4

La vida de June/Carol

Tuvimos más material sobre June/Carol que cualquiera de las otras personalidades que se encontraron. Era la vida más reciente de Anita y, por lo tanto, estaba más cerca de la superficie. Las sesiones continuaron varios meses y cada vez que Anita sufría una regresión, el primer personaje que encontraríamos sería June o Carol, a menos que se le indique lo contrario.

Así que decidí organizar las otras partes y piezas de su vida de forma cronológica, para que el lector pudiera seguir su historia directamente sin confundirse al saltar de una parte a la otra. Aunque los incidentes surgieron durante un largo período de tiempo, es sorprendente lo bien que encajan. También es interesante que ninguna cantidad de preguntas podría confundirla, aunque a menudo estábamos nosotros confundidos. Ella siempre supo exactamente quién y dónde estaba. No habría forma de omitir estos incidentes y aún dar una imagen completa de una persona que se volvió tan real para nosotros que sin duda debe haber vivido, respirado y sido amada. Esto no pudo haber sido un producto de la imaginación de alguien. Todos llegamos a quererla y esperábamos con gusto su maravilloso sentido del humor, y nos daba placer hablar con ella. Tal vez nunca se encuentre la prueba de que realmente vivió, pero ciertamente vivió para nosotros durante esos meses en 1968.

Estimando que Carol había nacido alrededor de 1880, Johnny regresó a Anita al año 1881 y le preguntó dónde estaba.

A: Sentada en el suelo.
J: *¿Estás jugando con algo?*
A: Con carretes. Para mantenerme en silencio.
J: *¿Estabas haciendo ruido?*
A: ¡Mucho ruido!

J: ¿Cuantos años tienes?
A: No lo sé exactamente.
J: ¿Que tan grande eres?
A: No lo suficientemente grande como para tener zapatos. Puedo caminar. Puedo decir algunas palabras
J: ¿Qué palabras puedes decir?
A: Grito "Mamá" y "Papá" y hago todos los ruidos que pueden hacer los animales.
J: ¿Tienes muchos animales?
A: Bueno, es una granja.
J: *Eso está bien. Ahora voy a contar hasta tres, y avanzaremos hasta 1885. Uno, dos, tres, es 1885. ¿Qué estás haciendo?*
A: Estoy en el patio jugando con el bebé. Tratando de evitar que llore. El pequeño está en la cuna.
J: ¿Vas a la escuela?
A: Voy a ir el próximo año.
J: ¿Cuantos años tienes?
A: Tengo cinco. Tendré seis en Junio ... primer día.

Esto concordaba con lo que había dicho anteriormente. Ella fue nombrada June por Al, porque su cumpleaños fue en junio, y ella era "bonita como un día en junio".

J: ¿Cuánto tiempo pasará hasta que sea tu cumpleaños?
A: No puedo calcularlo. Mi madre me lo dirá
J: ¿Crees que tendrás una tarta de cumpleaños?
A: Bueno, a veces mamá prepara un pastel. A veces.
J: *Entonces ella probablemente haga uno para tu cumpleaños, ¿no?*
A: ¿Debería hacerlo?
J: *Bueno, algunas personas tienen un pastel el día de su cumpleaños, pero otras personas tienen pasteles en otros días.*
A: Pues tenemos pasteles los domingos. Solo a veces cuando podemos comerlo, lo tenemos.
J: *Bien. Ahora háblame de tu casa. ¿Como es de grande?*
A: Tiene tres habitaciones grandes, y el desván.
J: ¿Donde duermes?
A: En el desván. Mamá hizo un colchón de paja. Es una cama agradable y suave. Puedes acurrucarte en ella. Cuando sea rica,

tendré un colchón de plumas. Mamá tiene un colchón de plumas en su cama. Ella dijo que cuando sea grande, puedo tener uno.

J: *Eso será agradable. Ahora miremos hacia adelante y veamos cómo están las cosas en 1890. (Anita se adelantó.) ¿Qué estás haciendo?*

A: Ayudando a mi madre. Estamos calentando agua en el patio para lavar. Lavar más pañales. ¡Parece que hay un bebé cada año!

J: *¿Qué tipo de jabón usas?*

A: Jabón que hace mi mamá.

J: *¿Los limpia?*

A: ¡Sigues frotando hasta que se limpian!

J: *¿Usas una tabla de limpieza?*

A: A veces. Pero a veces solo los frotas y los frotas juntos. (Anita hizo movimientos de frotamiento con sus manos.) Se limpia de esa manera. ¡Frota jabón sobre ellos!

J: *Eso parece mucho trabajo.*

A: Trabajo todo el día de lavado. Es una suerte lavar en un día ventoso. La ropa se seca.

J: *¿Dónde está el tendedero?*

A: Está situado desde la casa hasta ese gran árbol allá.

J: *Dime, Carol, ¿cuántos años tienes?*

A: Nueve. Casi diez ahora, dijo mamá.

J: *¿Vas a la escuela?*

A: No. Fui a la escuela por un tiempo, pero mamá me necesitaba. La ayudo mucho en la casa.

J: *Entonces solo fuiste a la escuela por un tiempo.*

A: Pude ir un par de años..

J: *¿Dónde está la escuela?*

A: Oh, es un largo camino bajando por la carretera.

J: *¿Caminas cuando vas a la escuela?*

A: Todos los días. Cuando está nevando muy profundo, no puedo ir.

J: *¿Sabes cómo escribir tu nombre?*

A: Puedo escribirlo ahora bastante bien. Práctico con un palo en la tierra.

Inesperadamente, Johnny tuvo la idea de ver si Carol podía escribir su nombre para nosotros. No sabíamos si era posible, pero valió la pena intentarlo. Durante ese tiempo estábamos abiertos a cualquier idea.

J: *Aquí hay un lápiz y un pedazo de papel. ¿Me escribes tu nombre?*
A: ¿No tienes ninguna pizarra?

Johnny le pidió a Anita que abriera los ojos. Fue muy difícil, y ella miró con ojos vidriosos al papel. Entonces él le dio el lápiz mientras yo sostenía el papel firmemente. Vimos como ella escribia, muy torpe y lentamente, en letras grandes, "Carolyn Lambert". Parecía muy infantil y desigual.

A: Aprendí esto el año pasado. Pero tengo que seguir practicando porque no soy muy buena. Mamá dice, lo que aprendes, nadie te lo puede quitar. Se lo mostré y ella ... ella no sabía mucho. Ella quería que le mostrara cómo escribir el suyo.
J: *¿Tu madre no fue a la escuela?*
A: No creo que ella lo hiciera.

En otras dos ocasiones, cuando Anita fue movida repentinamente a 1890 para verificar su orientación, estaba en la misma situación y las mismas condiciones. En uno de estos momentos ella dijo que estaba recogiendo tomates. "Recolecta hasta que llenes la cesta".

J: *¿Qué vas a hacer con todos esos tomates?*
A: Cocinarlos. Envasarlos. Hacer una salsa. (Ella suspiró profundamente.)
J: *¿Qué ocurre?*
A: Mucho calor. ¡Ojalá lloviera! Hay mucho polvo por aqui. Hace tiempo que no ha llovido. ¡que calor!
J: *¿Cuántos años tienes, Carol?*
A: No estoy segura. Mamá dice que no hay ninguna diferencia, pero deseo saberlo. Ya no voy a la escuela.
J: *¿Cuánto tiempo fuiste a la escuela?*
A: Casi dos años.
J: *¿Qué aprendiste en la escuela?*
A: Bueno puedo escribir ... y aprendí los números ... y las letras. Puedo contar hasta diez, y los veinte ... le quitas el uno, y ... Me confundo después de haber pasado los diez. Se supone que es fácil, dijo el maestro. Papá dijo que no tengo cabeza para los números. Yo lo practico.

Mientras exploraba este período de la vida de Carol, se le preguntó acerca de otros miembros de su familia. Parecía que tenía alrededor de siete hermanos y hermanas. Es interesante que ella mencionó a un hermano, Carl, que fue nombrado después de un amigo de su padre. Este es sin duda el mismo Carl con el que luego se casó.

En otra sesión, regresó a 1900 y se le preguntó qué estaba haciendo.

A: Cocinar, asar maiz y cocinando una gran cena para unas personas. Tenemos muchas manos para ayudar por aquí. Ellos comen mucho. Tienen hambre.
J: *¿Dónde estás?*
A: Estoy en la granja.
J: *¿Que granja?*
A: El de mi esposo.
J: *¿Como se llama tu marido?*
A: Steiner. Carl Steiner.
J: *¿Dónde está tu granja?*
A: Un poco a las afueras de Springfield.
J: *¿En qué dirección?*
A: Pues, cuando vamos a la ciudad por las mañanas, el sol está en mi cara.
J: *¿Es un largo camino a la ciudad?*
A: No, llego antes del almuerzo. Solo unas pocas horas. Una par.
J: *¿Como viajas?*
A: En el caballo y carruaje.
J: *¿Te gusta eso?*
A: Rebota demasiado.
J: *¿Cuántos años tienes hoy?*
A: ¿Hoy? (Pausa) Estoy ya muy cerca de los 20.
J: *¿Cuánto tiempo llevas casada?*
A: He estado casada aproximadamente ... parece como cuatro años, quizás cinco? El tiempo simplemente para.
J: *¿Estás feliz?*
A: ¡No! ¿Quién sería feliz aquí? Trabajar todos los días, siete días a la semana.
J: *Pero te toca ir a la ciudad de vez en cuando*

A: ¡Oh! Solo si tengo suerte. Puedo ir dos o tres veces al año.
J: *¿Cuántas personas tienes trabajando para ti en esta granja?*
A: Unos cinco hombres trabajando en el campo y cosas así.
J: *¿Qué crías allí en la granja?*
A: Cosas justas para el ganado y mucho maíz. Tenemos que cultivar nuestra comida, ¿sabes? Cultivar heno y comida para las vacas..
J: *¿Cuántas vacas tienes?*
A: Pues alrededor de 40, 50, supongo.
J: *¿Tienes cerdos?*
A: No, no creo.
J: *¿Cuántas gallinas tienes?*
A: ¡Oh! Tengo que cuidar a todos esos malditos pollos. Tengo que limpiar esa gallinera yo misma. Ponerle lima y creosota.

La investigación posterior reveló que esta era una práctica común durante esa época. Anita era una chica de la ciudad y era muy poco probable que supiera mucho sobre los pollos y el trabajo en el campo.

J: *¿Por qué no se ocupan de eso los ayudantes?*
A: Se supone que es un trabajo de mujeres.
J: *¿Cómo de grande es la granja?*
A: He escuchado que él lo llama sección. Dijo que algún día sería mío si alguna vez tuviera un hijo.
J: *¡Pero tú eres su esposa! ¿Eso no hace que la mitad sea tuyo?*
A: Él dice que es suyo.
J: *¿Vas a tener un hijo?*
A: ¡No! Él está tratando de sobornarme.
J: *¿Cuántos años tiene tu esposo?*
A: Tiene cerca de los 60. Es un hombre viejo.
J: *Y tu tienes 20 años. Es bastante más mayor que tú.*
A: Mucho más viejo. No es justo
J: *¿No quieres tener hijos?*
A: No quiero que se acerque a mí.
J: *¿Tiene su propia habitación?*
A: ¡Yo tengo mi propia habitación!
J: *¿Y dónde duerme Carl?*
A: Él también duerme arriba. Está avergonzado de que se enteren los hombres. Todos se ríen porque no tenemos hijos.
J: *¿Qué tipo de ropa tienes?*

A: No tengo casi ninguna.

J: *¿No? ¿Crees que Carl te traería algunos vestidos de la ciudad?*

A: Sigue diciendo que lo hará si le dejo estar en mi habitación. Le dije que no quería tanto la ropa. Una vez corté una sábana e hice un vestido.

J: *¿Qué tipo de zapatos tienes?*

A: Estoy descalza ahora. Tuve un par cuando me casé, pero se desgastaron. Voy descalza la mayor parte del tiempo.

J: *¿Qué haces cuando hace frío afuera?*

A: Bueno, le pedí un par de zapatos y él me regaló un par de los suyos.

Durante otra sesión, Anita sufrió otra regresión en este mismo período y volvió inmediatamente a su carácter, como siempre. Su asombrosa habilidad para ir constantemente de un tiempo y lugar determinado a otro, nunca dejó de sorprendernos. Esta vez, volvimos a encontrar a Carol en la granja que odiaba. Johnny preguntó qué estaba haciendo.

A: No estoy haciendo nada.

J: *¿Dónde estás?*

A: Estoy en mi habitación Se supone que debo fregar los suelos, pero aún no lo he hecho. Tengo que ponerme a trabajar bastante pronto.

J: *¿Cuántos años tienes?*

A: Me imagino que tengo unos 20 años.

J: *¿Dónde está Carl?*

A: Afuera en el campo. Es la hora de plantar cosas de nuevo.

J: *¿Qué vas a plantar?*

A: Más de lo mismo. Maíz, trigo, las mismas cosas. Tengo que plantar mi jardín muy pronto

J: *¿Qué plantas en tu jardín?*

A: Cosas para comer todo el invierno. Si no quieres pasar hambre, debes plantar. Ya tengo mis patatas. Tuve una gran cosecha el año pasado. He plantado mucho otra vez este año.

J: *¿Haces mucho enlatado?*

A: ¡Por supuesto! Quiero comer, ¿no?

J: *Bueno, estaba pensando que mucha gente almacena la mayor parte de su comida de invierno en el sótano.*

A: Pero no puedes hacer eso con todo. ¿Qué crees que le pasaría al maíz si lo dejas en un sótano?

J: *¿Ponerse duro?*
A: Pues no será apto para nada más que palomitas de maíz.
J: *¿No compras nada en la tienda?*
A: (Ríe) ¡Nada que pueda hacer yo misma!
J: *¿Y cosas como azúcar y harina?*
A: Compro harina cuando consigo el trigo molido. Compro azúcar.
J: *¿Y el café? ¿Bebes café?*
A: No, no bebo café. Compro un poco de té de vez en cuando. Me gusta el té.

La siguiente vez que nos encontramos con Carol todavía estaba en la granja en 1905.

J: *¿Qué estás haciendo?*
A: ¡Oh! ¡Estoy tan cansada! Es un día difícil. No hay descanso.
J: *¿Qué hiciste hoy?*
A: Trabajé en mi jardín.
J: *¿Acabas de plantarlo?*
A: No, ha pasado ya mucho tiempo. Solo tienes que manejar la maleza. Salir ahí afuera con la azada. ¡Eso es lo único que se puede hacer, sacarla de allí!
J: *¿Dónde está tu marido?*
A: No lo sé. No está en casa. Solo vine a descansar un poco antes de comenzar a hacer la cena.
J: *¿Cuánto tiempo hace que te casaste?*
A: ¡Oh, Dios! ¡Parece que toda una vida!
J: *Bueno, cuéntame sobre tu jardín. ¿Qué estás plantando ahora?*
A: Pues nuestro maíz está creciendo bastante. He intentado tomar la azada y levantar el suelo a su alrededor. Crece más alto así. He tenido mis primeros tomates. Tuve tomates verdes, fritos.
J: *¿Te gustan?*
A: Sí, estan bastante buenos. Me gustan más maduros. Sin embargo, odio envasarlos. Lo odio, el calor del vapor. Ojalá tuvieran una forma de madurar los tomates en el invierno.
J: *¿Qué más estás creciendo?*
A: Okra, calabaza, pepinos, todos plantados este año. Las patatas se ven bien. Incluso tengo un poco de sandía, cuando madure. Supongo que tengo todo lo que uno quisiera comer ... frijoles, guisantes.

J: *Parece que no pasarás hambre.*
A: No me estoy preparando para pasar hambre. Si llegué a trabajar para plantarlo, cultivarlo y envasarlo, voy a tener todo lo que quiero comer.
J: *Eso tiene sentido.*
A: Tenemos una vaca lechera o dos. Él planea llevarña al carnicero. Las lleva a Springfield, cerca de allí, justo a este lado de Springfield. Un hombre mata mucho allí en su casa y patio. Lo hace para la gente, y lo hace más barato que si vas a uno de esos otros tipos. A veces vendemos un poco de lo que queda, pero por lo general sólo matamos lo que vamos a necesitar.
J: *¿Cómo evitas que se eche a perder?*
A: Oh, colgamos la carne en el ahumadero aquí.
J: *¿Alguna vez se te ha estropeado?*
A: No, no desde que lo he estado haciendo en el ahumadero. También lo pongo a hervir y lo meto en las latas, al igual que hago con las verduras, y se mantiene muy bien así.
J: *¿Sabe igual?*
A: No. ¿Sabes? Se pone un poco fibroso, pero está bien. Puedes envasarlos con fideos y todo ... echarle un poco de sal. No sabe muy bien así, pero así puedes mantenerlo. A veces si te falta carne, puedes sacrificar algoeen el invierno. Siempre pensé que sería un buen momento para hacerlo, pero no lo hacen de esa manera. Es algo que tiene que ver con los terneros y todo eso. No lo entiendo exactamente. Yo cocino lo que obtengo Me gusta el pollo frito. Si puedes, está bien enlatado. Sabe igual a cuando está fresco.
J: *Pero no te gusta limpiar ese gallinero.*
A: No, no me gusta.
J: *¿Matas gallinas tú misma?*
A: Le tuerzo el pezcueso.

El recuento de todo este trabajo pesado de la granja puede sonar repetitivo, pero definitivamente muestra que no era algo que alguien inventaría como una vida de fantasía.

En una cinta posterior, Carol acababa de llegar a Chicago y estaba muy entusiasmada con la gran ciudad. Ella había dicho: "¡Nunca soñé nada como Chicago! ¡Nunca dejaré esta ciudad!" En este momento, Johnny decidió intentar obtener más información sobre la vida en la granja.

J: Bien. Voy a contar hasta tres, y regresarás al año 1905. Regresando, uno, dos ...
A: (Interrumpiendo, casi sollozando) ¡No quiero volver allí!

Johnny no se dio cuenta de la importancia de lo que estaba sucediendo y continuó contando.

J: Estamos retrocediendo ... ¡tres! Es el año 1905. ¿Qué estás haciendo?
A: (Hoscamente) No me gusta aquí.
J: ¿Qué no te gusta?
A: (Enfadada) ¡No me gusta nada aquí! ¡No me gusta nada en esta granja! ¡Odio este lugar!
J: ¿Cómo te llamas?
A: (Irritada) Carol!
J: ¿Cuánto tiempo has estado viviendo aquí?
A: ¡No recuerdo haber vivido en otro lugar que no sea una granja!
J: ¿Qué estás haciendo en esta granja, Carol?
A: ¡Necio! ¿Qué piensas que estoy haciendo?
J: ¿Estás casada?
A: Podría llamarse así.
J: ¿Qué está haciendo tu marido?
A: ¡No lo sé y ni me importa!
J: ¿Tienes hijos?
A: (Gritando) ¡NO!
J: ¡De acuerdo! Voy a contar hasta tres e iremos ...

Johnny no se dio cuenta del significado de su reacción en esta regresión hasta que reprodujimos la cinta. Los dos estábamos profundamente impresionados por la desesperación con la que luchaba por haber sido llevada de vuelta a la granja después de descubrir y amar > Chicago. Obviamente, inconscientemente temía que nunca pudiera escapar otra vez de la granja, trató de resistirse a regresar, pero falló, y solo pudo gritar y protestar por su frustración.

Hasta este punto, la vida de Carol parecía haber sido infeliz y monótona. Primero, la monotonía de crecer en la granja de sus padres, luego la miseria de vivir con un hombre al que despreciaba. Sin duda, esto la hizo desesperarse por cualquier salida. Al probablemente parecía un caballero de brillante armadura enviada a rescatarla cuando de repente apareció y le ofreció una salida. Debió haber parecido algo más allá de sus sueños más descabellados escuchar sobre la lejana ciudad de Chicago, donde todo lo que anhelaba podría hacerse realidad.

J: *¿Qué estás haciendo?*
A: Estoy en el hotel
J: *¿Cuánto tiempo has estado allí?*
A: Creo que han pasado tres días. He estado tan ocupada.
J: *¿Qué piensas de este lugar?*
A: Nunca he visto algo tan grande.
J: *La ciudad es muy grande, ¿no te parece?*
A: ¡Sí! Tiendas bonitas, muchas cosas en ellas. Tienen cosas que ni siquiera sabía que la gente tenía.
J: *¿En qué hotel te estás hospedando June?*
A: No lo sé. (Pausa) ¿Quieres que lo averigüe?
J: *¿Puedes?*
A: Tan pronto como Al regrese. Él me lo dirá.
J: *Sí, averigua el nombre de este lugar. ¿Te gusta tu habitación?*
A: Sí. La cama es suave. La primera vez que la ví, salté y salté para arriba y para abajo. Nunca he visto una cama tan elegante.
J: *Muy cómoda.*
A: (Prolongado) Sí. Mucho mejor que la paja.
J: *¿Tienes tu propio baño allí en la habitación?*
A: ¡Sí! Simplemente entro allí, y tiro de la cadena. En cuanto el agua se haya ido, la tiro de nuevo. Me encanta mirar eso.
J: *El agua simplemente corre y corre, ¿no? Sin bombearlo.*
A: ¡Sí! No sé cómo llega allí. Al dice que hay tuberías, que no me preocupe por ello. No tengo que preocuparme por nada ahora. Me dice que no tengo que hacerlo. Solo tomar lo que hay y disfrutarlo. No hacer preguntas, no preocuparme.
J: *¿Cómo llegaste aquí?*
A: Conducimos aquí en el coche de Al.
J: *¿Fue un viaje largo?*
A: Nos tomó un tiempo. Nos detuvimos por negocios.
J: *¿Viste mucho campo?*

A: Sospecho que he visto el campo suficiente para toda la vida. Nunca soñé nada como Chicago.
J: *¿Realmente te gusta este lugar, no?*
A: ¡Nunca voy a irme de esta ciudad!
J: *¿Crees que vivirás aquí el resto de tu vida?*
A: ¡Sí, lo creo!

Era una Alicia en el país de las maravillas muy feliz. Sabemos que ella vivía en el Hotel Gibson mientras que Al estaba construyendo la gran casa en Lake Road. La investigación no pudo revelar ninguna carretera con ese nombre en los mapas actuales. Puede que tenga otro nombre ahora. Pero descubrí que alrededor de 1900, amplias propiedades para los ricos comenzaron a construirse fuera de la ciudad a lo largo de la costa norte del lago Michigan, y se llegó a conocer como el área de Gold Coast. Esta construcción se detuvo durante la Primera Guerra Mundial. Esto concuerda con el período de tiempo que ella dijo que su casa se estaba construyendo. Otra razón para pensar que esta podría ser la zona correcta es que descubrí un artículo en los archivos de periódicos antiguos de microfilm de la época. La policía encontró un crematorio que había sido usado para quemar los cuerpos de mafiosos rivales. Estaba escondido en una de las propiedades en el área de Gold Coast por el lado norte.

Pero incluso después de que Al y June se mudasen a la casa, las cosas no siempre fueron fáciles, como lo ilustra el siguiente incidente.

Había sido regresada al año 1918.

J: *¿Qué estás haciendo?*
A: Oh, casi nada. Intentando leer este libro, pero es difícil.
J: *¿Por qué?*
A: No puedo leer muy bien.
J: *¿Estás tratando de mejorar tu lectura?*
A: No quiero que nadie diga que no sé leer.
J: *¿Cómo se llama el libro?*
A: Biblia.
J: *Oh, ¿vas a la iglesia, June?*
A: (Disgustada) ¡No!
J: *Bueno, esa es la ... Biblia. ¿Estás leyendo eso?*

A: Recuerdo que la gente leía la Biblia cuando era pequeña. No quiero pedirle a nadie un libro, y este estaba aquí.
J: *¿Dónde estás?*
A: En mi habitación.
J: *¿Estás en el hotel?*
A: No, estoy en esta casa. Había una Biblia aquí.
J: *¿De quién es la casa?*
A: Es una de las casas de Al.
J: *(Pausa) ¿Qué estás leyendo en la Biblia? ¿Escoges un lugar y comienzas a leer algunas de las palabras, o comienzas desde el principio y lees todo?*
A: Pues cuando me senté aquí pensé que la primera página sería más fácil que la última. Pero no puedo encontrarle sentido a ninguna de ellas, así que salto de un lugar a otro. Estas personas son graciosas ... todas estos personas en este libro. Cada lugar que abro, tiene diferentes personajes. Es un libro extraño.
J: *¿Es difícil de entender?*
A: No, lo he averiguado. Averigüé todo de inmediato. Malditos tontos estaban todos locos.
J: *(Ríe) Oh, ¿de verdad?*

Esto ciertamente parecía extraño en vista del hecho de que Anita se crió católica, y sus hijos asistieron a una escuela católica. Ella seguramente habría estado familiarizada con la Biblia en esta vida presente. Johnny había estado pensando que el año 1918 fue durante la Primera Guerra Mundial y le hizo algunas preguntas para ver si sabía algo al respecto. Pero sus respuestas mostraron que la guerra tuvo poca o ningún efecto en su vida. Mencionó desfiles en el centro de la ciudad, pero no conectó eso con el país estando guerra.

J: *¿Vas mucho a la ciudad?*
A: No salgo demasiado. Al sale bastante. Salimos en aquel barco en el lago.
J: *¿Es ese su barco?*
A: Oh, tiene un barco muy grande.
J: *¿Te gusta navegar en el barco?*
A: Si no salimos demasiado lejos. Me gusta quedarme donde pueda ver la tierra. No soy un pez. No quiero ir allí donde no pueda ver la tierra.

J: *¿Puedes nadar?*

A: No, pero puedo flotar.

J: *Bueno, esos grandes barcos tienen botes pequeños. En caso de que algo suceda, siempre puedes subir al pequeño bote y regresar a la tierra.*

A: Sí, lo se. Eso es lo que me dijo, pero igualmente debería ver la tierra antes de salir. No quiero ir muy lejos. (Pausa) ¡Oh! (Sacudió su cabeza.)

J: *¿Cuál es el problema?*

A: No entiendo algunas de estas palabras.

J: *No puedes decirlas, ¿eh?*

A: Bueno, no importa cómo los digas, no sé lo que significan.

J: *¿Tienes un diccionario?*

A: ¿Un qué?

J: *Un diccionario.*

A: No lo sé. ¿Qué es?

J: *Es un libro que tiene todas esas palabras y te dice lo que significan.*

A: (Sorprendida) ¿Sí? Nunca he visto uno así.

J: *Veamos. ¿Has visto una biblioteca en el centro de la ciudad? (Sin respuesta.) ¿Librería?*

A: He visto una ventana con nada más que libros. Debe haber sido una librería.

J: *Pues ese lugar probablemente tenga una de esas cosas que llaman un diccionario. Y dentro de ello solo tiene páginas y páginas de palabras, y te dicen lo que significan estas palabras.*

A: ¡Anda! ¿Será?

J: *Y cuando estás leyendo el libro y encuentras una palabra que no sabes lo que significa, simplemente cojes este otro libro, buscas esa palabra y descubres lo que significa. O lo que alguien dice que significa.*

A: Ajá! Creo que necesito uno de esos diccionarios. Hay algunas palabras que no entiendo

J: *Léeme el próximo párrafo en el que estás ahora.*

A: (Como si leyera lenta y dolorosamente). Él ... me hace ... acostarme ... en verdes ... pastos. Ahora, mira, eso no tiene ningún sentido. No quiero salir a pastear. No quiero acostarme allí afuera. ¿Sabes lo que hay ahí fuera?

J: *Ácaros?*

A: Espiguillas, excremento de vacas. No quiero ir allí. Lo intento, pero no me interesa nada este libro. No sé por qué lo llaman un buen libro.

J: ¿Es así como lo llaman? ¿Un Buen Libro?

A: Nunca escuché que no lo llamasen así durante el tiempo que crecía.

J: ¿Todos tenían uno de esos?

A: Sí, incluso nosotros tuvimos uno.

J: Oh, ¿cuándo eras una niña? ¿Alguna vez trataste de leerlo?

A: No. Mi papá podía leerlo. Encontraba algo allí para demostrar cualquier cosa que quisiera demostrar. Me gustaba la "frase para callarme".

J: ¿La "frase para callarte"? ¿Qué es eso?

A: Pues si le preguntabas algo y no parabas de hablar, abriría ese libro y leería: "Honra a tu padre y a tu madre". Luego cerraría de golpe ese libro, y diría: "¿Sabes lo que eso significa? Significa, cállate".

J: (Risa grande) Decía eso mucho, ¿verdad?

A: Sí, decía eso casi todos los días. Decía que leía mucho la Biblia. ¡Já!

J: ¿Dónde está la casa en la que te estás quedando cerca de la ciudad? ¿Estás en el centro de la ciudad?

A: Bueno, esta casa no está tan lejos, pero la policía seguía viniendo a la otra casa, así que nos mudamos aquí por un tiempo, hasta que las cosas se calmen.

J: ¿La policía te molesta mucho?

A: Vienen mucho a hacer preguntas, actuando inteligentemente, amenazándome. No les tengo miedo.

J: ¿De qué cosas preguntaban?

A: Siguen queriendo saber todo sobre Al. A dónde vamos y a quien vemos, todo ese tipo de cosas. No puedo decirle nada a nadie. Al me dijo que mantuviera la boca cerrada sobre todo, y lo hago. No les dije nada cuando me preguntaron. Vinieron a mi casa. Querían saber sobre el paquete.

J: ¿Qué tipo de paquete tenías?

A: (Bruscamente) No le dirás a la policía, ¿verdad?

J: No.

A: Lo tiré en el lago.

J: Bien. No lo encontrarán allí. ¿Qué tenía el paquete?

A: Tenía una pistola. La envolvimos con una cinta y una toalla, e incluso había ladrillos en él. Hicimos un gran paquete. Luego salí en el barco y lo tiré.

J: *¿En qué clase de barco saliste?*

A: Fue uno de turismo.

J: *¿Sabes por qué la policía quería esa pistola?*

A: Ni siquiera me decían que buscaban un arma. Me preguntaron si tenía un paquete. Creyeron haberle visto darme un paquete. Y les dije que no sabía de qué estaban hablando. Yo no digo nada. Al me trata bien, y no hablo.

J: *Eso es correcto.*

A: No tengo que cocinar. No tengo que hacer nada.

Al despertar de esta sesión y mientras hablábamos del tema, Anita dijo que la secuencia de la pistola tenía un efecto extraño sobre ella. Ella había tenido un sueño recurrente durante años acerca de salir en un barco y arrojar algo por la borda. Había asumido que podría ser un sueño de algún evento futuro porque no tenía sentido. También recordó un incidente peculiar que ocurrió cuando vivía en la ciudad de Nueva York. Salió en un ferry con un grupo de otras mujeres. Anita se sintió incómoda todo el tiempo y se mantuvo de pie junto a la barandilla, mirando el agua. Tenía la necesidad abrumadora de arrojar algo al agua. Inexplicablemente le dijo a una de las otras mujeres con exasperación: "No tengo un paquete. Dame tu bolso. ¡Lo echaré al agua!" No hace falta decir que no la dejaron hacerlo. Pero ella nunca podría entender la razón de sus acciones extrañas.

¿Por qué podría algo así molestar a Anita en otra vida? ¿Podría ser que, aunque June estuviera rodeada por otros involucrados en el crimen, fuera esta la primera vez que participó en algo ilegal? Ella podía mirar para otro lado y fingir que no existía, pero le preocupaba cuando ella misma estaba involucrada en ello. Luego, también, estaba la aversión de Anita a la violencia escondida en el fondo.

La siguiente secuencia entró en los "rugientes años veinte."

J: *¿Qué estás haciendo?*

A: Tratando de sentirme mejor.

J: *¿Has estado enferma?*

A: No realmente enferma. Creo que fue algo que comí o bebí.

J: *Parece que has estado en una fiesta. ¿Qué estabas bebiendo?*
A: (Sostenía su cabeza.) ¡No sé lo que era, pero sabía horrible!
J: *¿Dónde estaba la fiesta?*
A: Dimos una fiesta en el hotel. (Quejándose) ¡Todavía me siento mareada!
J: *¿Qué hotel era?*
A: Gibson. Tienen un gran comedor, un buen lugar para la fiesta.
J: *¿Estás viviendo en el Hotel Gibson ahora?*
A: No, tengo mi propia casa.
J: *¿Dónde?*
A: ¡Está justo aquí! ¡Estoy en ella!
J: *A lo que me refiero es, ¿cuál es tu dirección?*
A: Lake Road.
J: *¿Tienes un número de casa?*
A: No, solo es Lake Road.
J: *¿Te refieres a que si te enviara una postal para Lake Road, la obtendrías?*
A: ¡Oye! ¡Eso estaría bien! Nunca antes he tenido algo así. ¡Nunca recibo ninguna carta!
J: *¿Alguna vez enviaste alguna?*
A: No. ¿A quién le escribiría?
J: *Oh, conoces a mucha gente.*
A: Bueno, los veo todos los días. Simplemente que nunca recibo ninguna carta.
J: *¿Alguna vez pensaste en escribirle a tu famila?*
A: ¡No! Puede que quieran que regrese o algo así. No quiero hacer eso. Prefiero quedarme aquí. Tengo una vida bastante buena.
J: *¿Cuántos años tienes, June?*
A: ¡Desearía que no me preguntases eso! No me gusta hablar sobre ello!
J: *Vale. ¿Al ha estado aquí últimamente?*
A: Me llevó a la fiesta de anoche.
J: *Y esta mañana. ¿Pasó por aquí para ver cómo te sentías?*
A: Aún no he salido de la cama. Creo que está en su habitación. Puede que no me levante hoy.
J: *Sí. Tal vez será mejor que lo tomes hoy con calma. Conociste a alguien nuevo en la fiesta de anoche?*
A: Bueno, a un par de hombres que estaban allí. Hubo algunos policías.

J: ¿Policías? ¿En tu fiesta?

A: Sí. Esa fue una de las razones por la que tuvimos la fiesta. Echan un ojo todos y sabrán a quién no molestar. Ellos aún no saben mucho. ¡Pero que sepan que nunca me detendrán por nada! ¡Que no me molesten!

J: ¿Alguien te los presentó?

A: No. Al me los señaló. Siempre me avergüenza un poco. Hablé con ellos un momento. Nunca fui presentada a ellos. Al dijo que no tenía que hablar con ellos, que no me incumbía. Solo era para que supieran quién era y para que nunca me molestaran.

Los tiempos ciertamente habían cambiado desde el episodio anterior cuando la policía los acosaba tanto que tuvieron que mudarse de la casa por un tiempo hasta que las cosas se calmaron. La prohibición se convirtió en ley en 1920 y parecía que, al principio, la policía intentó imponerla. Más tarde, cuando las bandas tomaron más control sobre la ciudad, las cosas cambiaron. A menudo se rumoreaba que Big Bill Thompson, el alcalde de Chicago durante esos años turbulentos, estaba en la nómina del gángster. Esto parece coincidir con lo que June dijo antes sobre asistir a una fiesta en la casa del alcalde. En 1930, cuando comenzó la represión contra las bandas, se descubrió que estas conexiones eran ciertas. Se llamaba la "Triple Alianza" entre las bandas, la policía, los jueces y los altos políticos.

En otra ocasión, cuando hablamos con June, ella había regresado de una fiesta y estaba durmiendo. Esta vez, no cooperando y no nos hablaba. Quería que la dejáramos sola para que pudiera dormir. Cuando surgieron estas circunstancias extrañas, demostró que nunca se sabe a dónde irá una persona durante una sesión de regresión. Dio más evidencia de que realmente estábamos hablando con un ser humano vivo, y mostró cuán completamente se identificaba Anita con la otra personalidad. Entonces Johnny pasó a otra época en la década de 1920.

Este incidente contenía una descripción de cómo operaba la banda. También hubo la primera indicación de que se estaba enfermando.

A: No estoy haciendo nada hoy. (Ligeramente) No, no creo que haga nada. Solo tengo ganas de tomarmelo con calma.

J: ¿Qué hiciste ayer?
A: Fui de compras.
J: ¿Qué compraste?
A: Compré algunos sombreros, y algunos zapatos. Son zapatos plateados.
J: ¿Plateados? ¿Tienes un vestido para ellos?
A: Me están haciendo uno.
J: Apuesto a que esos zapatos cuestan mucho dinero.
A: Será mejor que lo creas. He pagado 9 dólares por ello.
J: Deberían durar mucho tiempo.
A: No, no duran mucho. Los desgastaré bailando. Me falta el aliento cuando bailo demasiado tiempo ahora. Sin embargo, me encanta bailar.
J: ¿Qué planeas hacer mañana, June?
A: Pues no lo sé. No es mañana todavía. Podría ir a algún lado esta noche. Si voy a algún lado esta noche, descansaré mañana. Nunca sé si voy a ir a algún lado o no. Por la noche me quedo en casa y espero a Al. Si viene, vamos a algún lado, si le apetece. A veces solo pasamos la noche aquí.
J: ¿Ha estado recientemente en casa?
A: Estuvo aquí anoche.
J: ¿Le gustaron los zapatos y los sombreros que compraste? ¿Se lo mostraste?
A: No le muestro mucho. Solo los uso. Solía mostrarle todo lo que compraba, como una niña pequeña. Ahora, simplemente le digo si quiero algo, o si no, voy a buscarlo. Si no le gusta, me lo deja saber.
J: Entonces él no sabe acerca de esos zapatos de nueve dólares.
A: Ah, a él no le importará. Me compró una vez unos y pagó US$30 por ellos. Dijo que hacen algunos más caros que aquellos en algunos lugares. Debería tener lo que quiero.
J: ¿Por un par de zapatos? Me parece que US$30 comprarían muchos pares de zapatos.
A: Bueno, el se rió; dijo que algunos pobres tontos no tienen tanto dinero para comer en un mes.
J: Sí, creo que algunas de esas personas trabajan mucho tiempo por US$30.
A: ¡Yo no! ¡Yo no!
J: ¿Has estado en alguna fiesta últimamente?

A: Tenemos una el próximo mes que va a ser la madre de todas las fiestas. Voy a necesitar mucha ayuda adicional para eso.
J: *¿Lo vas a hacer aquí en tu casa?*
A: Sí. Ya no lo hago demasiado a menudo, pero creo que será un buen momento para hacerlo.
J: *¿Qué clase de fiesta será?*
A: Podríamos llamarlo una fiesta del Cuatro de Julio, pero en realidad no lo es. Tendremos fuegos artificiales y haremos todo tipo de cosas. En realidad es un encubrimiento.
J: *¿Un encubrimiento? ¿Qué está pasando realmente?*
A: Van a matar a dos hombres. Abajo en el garaje.
J: *¿Al te ha dicho esto?*
A: No, no me lo ha dicho. Sin embargo le escuché decirlo.
J: *¿Qué? Dos de sus amigos o ...*
A: Bueno, me parecería raro matar a tus propios amigos, pero te digo, creo que Al mataría a su propia madre si le conviniera. No puede jugar en ambos lados del campo.
J: *¿Son personas con quien trabaja, y van a estar en la fiesta?*
A: Sí. Él dijo: dejar pasar un rato; déjelos pensar que están seguros y que se salieron con la suya.
J: *¿Qué hicieron?*
A: Bueno, no estoy muy segura. Tenía que ver con algo de dinero y una chica.
J: *Oh, ¿crees que tal vez le robaron algo de dinero?*
A: Creo que lo hicieron. Creo que jugaron a dos bandos. Dejaron ir a esa chica a un lugar que se suponía que ella no debía estar.
J: *Piensas que Al ... ¿Al va a matar?*
A: Bueno ... lo hizo cuando empezó en ello. Supongo que hizo su parte, pero ya no tiene que hacer eso. No hay que arriesgarse.
J: *¿Tiene a alguien más que lo haga por él?*
A: Todo lo que tiene que hacer es decir, "¿Conoces a tal o cual persona?" El hombre diría, "Sí". Él dirá: "Escuché que no van a estar con nosotros por mucho tiempo." Le escuché hablar con un hombre y le dijo: "Escuché que irán a una fiesta el 4 de julio, y he oído que va a haber un accidente". Luego se rió y dijo: "Sí, esos hijos de puta no se van a casa".
J: *¿Qué tipo de accidente crees que van a tener?*

A: Pues me he puesto a pensar y podría estar teniendo todos esos fuegos artificiales para cubrir un montón de ruido. Tal vez van a dispararles.
J: *Tendrán que hacer algo con los hombres después de que los maten.*
A: Oh, eso no es ningún problema en absoluto. Puedes deshacerte de un cuerpo fácilmente.
J: *¿Qué hacen?*
A: Simplemente lo tiras en un cubo de cal viva, lo tapas y dejas que trabaje un rato. No tarda mucho.

Eso fue una sorpresa. Mi primera suposición fue que arrojarían los cuerpos en el lago, ya que estaban tan cerca del agua. Aparentemente tenían métodos más completos.

J: *¿Eso disuelve el cuerpo?*
A: Se come todo, eso me dicen.
J: *¿Lo han hecho antes?*
A: Les oí hablar sobre ello. Cuando mi perrito mordió a Al, dijo que iba a tirarlo en uno de esos contenedores, y que no iba a darle la satisfacción de una bala primero. Sin embargo, no lo hizo.
J: *¿Qué tipo de perro tienes?*
A: Bueno, tuve que dormirlo hace un año o así, tenía un perro pequeñito y bonito. Era uno de esos perros pequeños. Lo encontré por el camino; lo traje a casa. A Al nunca le gustó ese perro. Le ladraba y gruñía todo el tiempo. Llegó al punto que si Al estaba en casa, tenía que dejar al perro en el garaje o en algún otro lugar. Un día, apareció y el perro estaba conmigo en mi habitación, y el perro le iba a atacar. Fue entonces cuando amenazó con deshacerse de él.
J: *¿Era un perro pequeño?*
A: Supongo que era justo lo que llamarías un perro mediano; no demasiado grande, ni demasiado pequeño. No me gustan esos perros que parecen ratas.
J: *¿Tenías un nombre para el perro?*
A: Bueno ... tenía un nombre. Le llamé Peter. No sé por qué, parecía un buen nombre para él. Al dijo que era vulgar, pero yo no tenía esa intención. Solo era un buen perrito. De todos modos le llamé así. Me gustó ese perro. ¿Sabes? Ese perro nunca dejaba que nadie

me tocase. Solía sentarse y llorar todo el tiempo cuando estaba en el garaje.

J: *¿Dices que lo encontraste por el camino?*

A: Sí. Estábamos conduciendo y estaba tirado al lado del camino lloriqueando. Pensé que tal vez había sido maltratado. Quería parar y llevarlo a un médico. Cuando lo levanté, vi que estaba hambriento. Parecía que era todo huesos; su pelo se estaba cayendo. Al dijo que era lo más horrible que había visto en su vida. El perro comenzó a gruñirle de inmediato. Le dije lo que decía mi padre: que un perro distingue a las personas buenas de las personas malas.

J: *¿Qué pensaría Al de eso?*

A: Me dijo que si gruñía a las personas malas que yo era tan mala como él. Me reí. Yo sé más que eso. Nos preocupamos por aquello a veces. Pero mantuve a ese perro, y en un abrir y cerrar de ojos, estaba corriendo por allí, luciendo juguetón. Su cabello se volvió suave y agradable.

J: *¿Perdió mucho pelo?*

A: Si. No era algo así como la sarna o nada parecido. Pero su cabello era fino y parecía completamente reseco y quebradizo. Solía lavarlo en una bañera, y le daba huevos y leche todos los días. Molia su carne para él. Al me dijo que trataba a ese perro mejor que a él.

J: *¿Dices que tuviste que poner al perro a dormir?*

A: Estaba afuera un día y recibió un golpe en la calle, y la pierna del pobre pequeño fue aplastada. Estaba viejo y el doctor lo miró y dijo que no creía que volvería estar como antes. No podía soportar ver sufrir al pequeño amigo. Sé lo mucho que me gusta ir a lugares. Cuando no puedo salir e irme, me duele; Lloro. No podría hacerle eso. Ojalá pudiese alguien hacerme dormir a veces.

J: *¿Por qué, June?*

A: Algunos días me siento realmente estupenda. En otras ocasiones tengo dificultades para respirar. Empiezo a toser y a toser hasta perder mi maldita cabeza.

J: *¿Alguna vez has tosido sangre?*

A: Sí, a veces. Sólo pequeños puntos de vez en cuando.

J: *¿Qué opina el doctor sobre ello?*

A: Dijo que era porque toso tan fuerte que me duele la garganta. Pero es mi pecho lo que duele.

J: ¿Has estado tosiendo por un largo tiempo?

A: Pues comenzó hace un par de años con un resfriado, y la tos parecía aguantar y aguantar. Y está empeorando y empeorando, y odio cuando pasa eso. Me hace sentir como si fuera débil.

J: Tal vez deberías ir a la cama y descansar unos cuantos días.

A: No puedo quedarme en la cama muchos días a la vez. Tengo llagas en la espalda por acostarme en la cama tanto como me recomiendan. Podemos continuar y muy pronto me sentiré bien. Suelo descansar más, eso es todo. La voz se hace a veces más grave.

J: Ah, ¿afecta tu voz también?

A: Parece que a veces es difícil hablar. No hablo como lo hacía hace mucho tiempo cuando era más joven. (Hablando más alto) Quiero decir, ¡no es que sea vieja!

J: ¡Claro que no! No aparentas más de los ... 35.

A: ¿Ah, sí? ¡Gracias!

J: ¿Tienes más de 35 años?

A: ¿Los aparento?

J: No.

A: ¡Entonces no lo soy! ¡El hombre es tan viejo como se siente, y una mujer tan vieja como parece!

J: (Pausa) ¿Qué vas a hacer para prepararte para esta fiesta del 4 de julio?

A: Ah, ya sabes, hay fuegos artificiales, y supongo que voy a comprar algunas cosas para beber. Haré que vengan algunas personas a tocar música.

J: ¿Un grupo?

A: Bueno, sí, supongo que los llamarías así a cuatro o cinco personas. Voy a tener dos cocineros adicionales aquí cocinándome.

J: ¿Qué planeas servir?

A: Pensé que podría tener algunos jamones cocidos, que los cortasen y tener todo tipo de cosas para que acompañen a los jamones.

J: Eso está bien. A casi todo el mundo le gusta el jamón. Me pregunto si les gusta el jamón a esos dos hombres que no van a salir de la fiesta?

A: Al preguntó qué les gustaba comer. Creen que son invitados muy especiales. Al les dijo que esa noche no iban a tratarlos igual que a los demás.

J: (Ríe) Pero él no les dijo cómo iban a tratarlos, ¿verdad?

A: No. Sus pechos estaban erguidos de orgullo y se podía decir que pensaron que iban a obtener un ascenso. Al les dijo que habían estado haciendo todo bien y asi podrían subir mucho más.

Estas dos interpretaciones fueron entretenidas, pero de repente la voz de Anita se tensó y desvaneció. Se quejaba diciendo, "Oooh ... mi pecho me duele". Entonces su voz comenzó a sonar ronca.

J: *¿Tienes una tos peor en verano o en invierno?*
A: (Su voz sonaba ronca) Bueno, supongo que es mucho peor en el invierno. Oooh ... (sonaba como si sintiera dolor).
J: *Tal vez sentarse al sol lo ayudará un poco.*
A: (Trató de aclararse la garganta.) Bueno, supongo que dicen...

Su voz se volvió tan ronca que era difícil de escuchar. Entonces comenzó a toser.

J: *Podría ser que los médicos tengan algún medicamento que ayude mucho.*
A: No, no funciona demasiado bien. Algunas veces funciona; a veces no. (Sonaba débil.)

Johnny la llevó a tiempo para aliviar su incomodidad. En cuanto terminó de contar, su voz estaba bien.

J: *Voy a contar hasta tres y avanzaremos a 1930. (Contado) Es 1930; ¿que estás haciendo ahora?*
A: No veo nada.
J: *¿No? ... ¿Cuantos años tienes?*
A: (De hecho) No creo ser nada.

Hasta este punto, había sido tan constante que la única explicación a la que podíamos llegar era que ya no estaba involucrada en la vida de June/Carol. Esto significaba que debería haber muerto antes de 1930, pero ¿cuándo y cómo? También trajo un punto interesante. Si Anita simplemente hubiera estado inventando una historia de fantasía para complacer al hipnotista (como se ha sugerido), ¿por qué no continuó? ¿Por qué de repente chocarse contra una pared cuando Johnny la adelantó a 1930? Si ella hubiera muerto antes de ese momento, ahora él tendría que retroceder y descubrir las circunstancias. Pero tendría que hacerlo con cuidado para no implantar ideas en su cabeza. Sin revelar sus pensamientos sobre la situación, contó de nuevo llevandola hacia el año 1927.

J: *Es 1927. ¿Qué estás haciendo ahora?*
A: Conduciendo mi coche. (Aparentemente había vuelto a la vida de June).
J: *¿A dónde vas?*
A: Solo estoy conduciendo, tan rápido como pueda. ... Estoy enfadada. (Sonaba así.)
J: *¿Por qué estás enfadada?*
A: No he visto a Al. Tampoco contesta al teléfono. Han pasado tres días. Dijo que estaba ocupado con un trabajo.
J: *Tal vez tuvo que irse de la ciudad.*
A: (Sarcástica) Me cuenta esa historieta mucho.
J: *¿Dónde estás conduciendo?*
A: En una carretera, justo a las afueras del campo.
J: *¿Y cómo de rápido vas?*
A: Pues voy bastante rápido, casi a 30.
J: *¿Cuántos años tienes ahora? ¿Es 1927? ¿Tienes alrededor de los 50?*
A: Bastante cerca. Más cerca de lo que admitiré. Incluso con tinte. No puedes tapar las arrugas. Puedes teñir tu cabello, pero las arrugas aún se muestran. (Sonaba muy deprimida)
J: *¿Por qué? ¿Estás empezando a tener un par de arrugas?*
A: Sí. Ya no soy guapa. Era hermosa, pero ya no lo soy. Arrugada y vieja. Simplemente no es bueno. Nunca ha estado nada bien. (Sonaba muy triste.)
J: *Bueno, has estado teniendo una vida completa. Realmente viviéndola.*
A: Sí. Pero no he hecho nada. No he hecho nada por nadie. Podría haberle enviado algo de dinero a mi madre. Ella podría haberlo usado. ... Lo gasté en mí.
J: *¿Sigues conduciendo por la carretera?*
A: (Deprimida) No, me paré en el lago. Casi está oscuro, pero no, aún no lo es. Parece diferente esta noche.
J: *¿Cómo es diferente?*

A: (Muy triste) Quiero saltar, pero tengo miedo. ... Estoy cerca del agua. Estoy mirándola.

Sabíamos que debía haber muerto en algún lugar a finales de la década de 1920. ¿Se suicidó? Johnny sabía que no podía ser directo y preguntar, por miedo a sugerirlo. Así que decidió mantenerla hablando y dejar que ella cuente su propia historia sin alguna influencia.

J: *¿Qué época del año es?*
A: Finales de primavera. Veo lilas y los arbustos están por todas partes. (Pausa larga) Quiero irme a casa, pero no hay nadie allí. ... Estoy sola ... No es divertido estar sola. ... Solo veo a Al a veces.
J: *Apuesto a que si vuelves a casa y le das una llamada a Al, estará allí.*
A: (Su voz era un susurro.) No lo creo. Solo es bueno conmigo porque no quiere que hable. Él sabe que no voy a hablar. Sabe que le amo.

Parecía que no iba a contar lo que pasó. Johnny no quería forzar el tema, por lo que tendría que continuar para ver si podía averiguar qué sucedió. En las siguientes sesiones que surgieron, se hizo evidente que ella no se había suicidado esa noche oscura junto al lago, aunque debe haber estado terriblemente deprimida para haber pensado en eso.

En la siguiente secuencia, ella hace referencia a un viaje que había hecho. En dos ocasiones separadas con meses de diferencia, mencionó el mismo viaje, así que los he combinado porque contenían esencialmente los mismos hechos. June obviamente estaba enferma y parecía que estaba llegando al final de su vida.

Johnny la había regresado a finales de la década de 1920, y apenas había terminado de contar cuando ella comenzó a toser con fuerza y sin parar. Cuando ella se detuvo, él continuó.

J: *¿Cómo te sientes, June?*
A: (Titubeantemente) Me siento débil. Tratando de sentirme mejor.
J: *¿Cuál parece ser el problema?*
A: Creo que tengo un poco de resfriado. No puedo respirar bien. Estoy enferma... hace aproximadamente una semana. No pensé que alguna vez volvería aquí.
J: *¿Dónde estabas?*

A: Hice un viaje con Al. Íbamos a ir a Nueva York, pero nunca lo logramos. Nos detuvimos en Detroit.

Al parecer, June se había enfermado en el viaje y esa fue la razón por la que no llegaron hasta el final.

J: ¿Detroit? Eso está muy lejos.
A: Si, mucho. No es tan bueno como Chicago. ¡No es ni parecido a Chicago! Me gusta más esta ciudad.
J: Tampoco es tan grande, ¿verdad?
A: No lo sé. Parece bastante grande, pero no tiene la clase que tiene Chicago. No me gusta salir de aquí. Fuimos ... por algo así como negocios, pero compré un montón de cosas y pasé un buen rato.
J: ¿Con quiénes fuiste?
A: Fui con una chica y su esposo y Al. Se suponía que era por un negocio y fuimos con ellos, así no parecían hombres viajando solos. Y fuimos con esta chica ... creo que era su prima o su sobrina ... una niña pequeña con nosotros. Al dijo que parecíamos una gran familia feliz.

Descubrí que durante este período de tiempo había una banda conocida como "Purple Gang" en Detroit. ¿Fue esta la razón por la que no querían ser detectados como un viaje de "negocios"?

J: Es un viaje largo a Detroit, ¿no?
A: Conducimos. Es largo ... toma bastante tiempo, sí. Si vas demasiado lejos en un día te cansas mucho.
J: ¿La otra mujer es una buena amiga tuya, o acabas de conocerla antes del viaje?
A: Bueno, la conozco. Ellos vienen a la casa. No es realmente una buena amiga. Están mucho aquí por negocios y cosas por el estilo.
J: ¿Tienes muchos amigos por aquí?
A: Pues a Al no le gusta que sea demasiado amigable con algunas personas. Veo a personas. Él trae aquí a mucha gente. No me acerco a nadie.
J: Quieres decir que la mayoría son amigos comerciales de Al?
A: Sí, y sus novias. Ten cuidado con lo que dices, incluso a ellos.

Comenzó a toser violentamente otra vez.

A: Parece ser que no puedo superar este resfriado. Creo que mis pulmones están un poco débiles. Me parece difícil respirar a veces.

J: *Creo que la luz del sol probablemente ayude mucho. Es tan bueno como tomar medicamentos.*

A: Creo que es mejor. La medicina a veces te hace sentir adormecida. Descansar a lo natural es lo mejor.

J: *¿Ha ido el doctor a verte?*

A: He tenido dos o tres desde que me enfermé.

J: *¿Qué dicen que está mal?*

A: Nunca me dicen nada. Me dan algunas inyecciones y me dan un medicamento. Me hace dormir mucho.

J: *¿Cómo se llama tu doctor? ¿Tienes un doctor que te cuida todo el tiempo?*

A: No lo he visto. Le pidió a otro doctor que me viera, para ver cuál pensaba que era el problema. Dijo que sabría más sobre ello que él.

J: *Ah, diferentes doctores tienen diferentes campos en los que trabajan. Un médico podría saber un poco más sobre los resfriados y otro doctor podría saber un poco más sobre los brazos rotos.*

A: Este no es muy inteligente.

J: *¿No lo es?*

A: ¡No, no lo es! Piensa que voy a dejar Chicago. No es muy inteligente en absoluto. No me iré de aquí. Sí, dijo que un clima caluroso y seco. Le dije que he estado en una granja caliente y seca. No me hizo ni una pizca de bien. Me gusta aquí.

J: *¿Cómo se llama ese doctor?*

A: Pues, creo que es Brownlee.

J: *Me aseguraré de verlo a él.*

A: ¡No, no lo hagas! Él quiere enviar a todos a Arizona.

J: *¿Arizona? ¿Dónde queda?*

A: Solo Dios lo sabe. Supongo que en el fin del mundo. Le pregunté de inmediato, ¿está en Chicago? Se rió y dijo: no. Y Al respondió, olvídalo, ella no irá.

J: *Un clima seco y caliente. ¿Qué dice tu médico habitual sobre eso?*

A: Bueno, él me dijo que debería hacer lo que este hombre dice. Solo le pregunté si estaban confabulados. Debe estar vendiendo tierras

en Arizona. Pero esta chica se queda en Chicago. Me gusta mucho.
J: ¿Cómo se llama tu médico habitual?
A: Oh, se llama Lipscomb

Más tarde, escribí a la American Medical Association en Chicago. Pregunté si un doctor con cualquiera de esos dos nombres había practicado en Chicago durante la década de 1920. Ellos respondieron diciendo: "James W. Lipscomb, MD, murió el 25 de abril de 1936, Chicago." No pudieron identificar a Brownlee. El año de la muerte de Lipscomb indicaría que probablemente había estado practicando en Chicago durante el momento en cuestión, y el nombre no es común. El hecho de que Brownlee no haya sido identificado no es demasiado raro porque sonaba como un especialista y podría haber venido de cualquier parte. Además, ella no estaba segura de su nombre. Cuando comienzas la difícil tarea de intentar verificar algo como esto, cualquier pieza pequeña que concuerda, es como encontrar un diamante en la arena. Pregúntele a cualquiera que alguna vez haya intentado investigar su árbol genealógico.

J: *Lipscomb. ¿Es un buen doctor?*
A: Eso creía hasta que trajo a este tipo aquí. No creo en ninguno de ellos. Dijo que el clima frío me haría daño. Me gusta el clima frío.
J: *¿Tienes problemas en la garganta?*
A: Simplemente no puedo respirar muy bien, y toso mucho.
J: *¿Pero decías que te duele por todo el pecho?*
A: Cuando toso, duele.
J: *¿Hace frío y hay humedad afuera?*
A: Pues al vivir cerca del lago, creo que está húmedo la mayor parte del tiempo; eso es lo que dicen. Nunca me pareció que estuviera húmedo. Me gusta.
J: *¿En qué mes estamos?*
A: Es diciembre.
J: *¿Ha habido algo de nieve en el suelo?*
A: Un par de pequeños copos.
J: *Eso probablemente no ayuda a tu tos y tu respiración.*
A: Nunca pareció empeorarlo. ... (Comenzó a sospechar). Usted no es médico, ¿verdad?

J: No. ... Pero recordaré el nombre de ese hombre, el que está tratando de vender tierras en Arizona.
A: ¡Maldito idiota!

Capítulo 5

La muerte de June/Carol

Era obvio que la salud de June se había deteriorado mucho, pero mantuvo su sentido del humor hasta el final. Otros dos episodios cortos confirmaron que estuvo enferma en la cama todo el mes de julio de 1927. Contenían esencialmente los mismos datos que aquí.

J: *Es el 27 de julio de 1927. ¿Qué estás haciendo ahora?*
A (Su voz era casi un susurro.) Estoy en la cama.
J: *¿Cómo te sientes? ¿Tienes un resfriado?*
A: No, solo estoy enferma ... cansada. Muy débil.
J: *¿Ha ido el doctor a verte?*
A: Él viene todos los días. Me da inyecciones.
J: *¿Cuando dice que estarás bien?*
A: Me dice que en cualquier momento... pero cada día me siento más débil.
J: *¿Sabe lo que te pasa?*
A: No, él dice que no. Pero ... él dice que es mi edad. ¡Puedes Imaginarte eso! Le dije que tenía 40 años y se rió. Ha visto cosas mejores. Al viene a verme todos los días. Me trae flores. Dijo que lamentaba no habernos casado.
J: *¿Todavía está casado con su esposa?*
A: Sí. Él nunca pudo abandonarla y divorciarse de ella. Él no pudo hacerlo. Él quería, pero simplemente no podía.

Johnny la movió un día más hasta el 28 de julio, y se sorprendió por su reacción.

J: *Es el 28 de julio de 1927. ¿Qué estás haciendo?*
A: ¡Soy libre otra vez!
J: *¿Libre? ¿Dónde estás?*
A: Flotando y esperando. Estoy esperando en la casa.

J: ¿Qué ves en la casa?
A: Veo todo, y Al. Está llorando.
J: ¿Estás ahí?
A: Estoy allí en la cama. Me estoy mirando a mí misma.
J: ¿Oh? ¿Cómo te ves?
A: (De hecho) Creo que me parezco a cualquier otro cadáver.
J: (Conmocionado) ¿Quieres decir ... estás muerta?
A: Si.

No esperábamos esto. Realmente no sé lo que esperábamos que sucediera si ella sufría una regresión hasta el punto de morir. Pero ella estaba hablando con nosotros de la misma manera que lo hizo durante la vida de June / Carol. Su personalidad estaba ciertamente intacta y no parecía diferente. Aún así, fue difícil para Johnny pensar cómo formular sus preguntas. ¿Cómo hablas con una persona muerta?

J: ¿De qué moriste?
A: Mi corazón ... y la sangre. Me atraganté con la sangre. Recuerdo haber hablado y no dejaba de hablar. Al lloró, y el doctor hizo todo lo que pudo, pero simplemente morí. Y puedo verme.

Esto perturbó tanto a Johnny que pensó que era mejor moverse a otra escena. No podía mantener una actitud objetiva hasta que tuviera tiempo de absorber esa información sorprendente. Pero cada vez que la llevaba a ese período de tiempo a fines de la década de 1920, ella volvería a este estado "muerto" o espiritual. Eventualmente, aprendimos a manejarlo y a pensar en preguntas objetivas. ¿Qué le preguntas a alguien después de que hayan muerto? Abrió una gran cantidad de información posible, una vez que el shock se desvaneció. Debe recordarse que nuestro experimento sobre la reencarnación estaba ocurriendo antes de que hubiera libros disponibles en el mundo occidental que pudieran habernos ayudado a lidiar con la situación. Supongo que podríamos haber estado asustados por este giro de los acontecimientos y dejamos de trabajar con Anita en esto, pero nuestra curiosidad fue grandiosa.

De otra sesión:

A: Estoy en un cementerio. No, no es un cementerio. Solo hay unas pocas personas en este lugar conmigo ... un cementerio familiar. Y puedo verme a mí misma, pero estoy enterrada.

J: *¿Puedes ver a las otras personas?*

A: No, pero sé que están aquí. Hablo con algunos de ellos. Hablamos sobre la esposa de Al. Ella no quería que me enterraran aqui. Dijo, de todos los insultos, que era lo peor. Estoy en el cementerio de su familia.

J: *¿Y con quién estás hablando?*

A: Bueno, es la madre de Al. Creo que es su madre. Ella ha estado muerta más que yo. Ella me dijo que no tuviera miedo. Este cementerio ... está en el lugar de la madre de Al. La casa ha sido vendida ahora, pero guardaron esta tierra aquí para el cementerio. No querían que nadie lo tocara.

J: *¿Eso está ahí en Chicago?*

A: Oh, no. Está en el país a muchas millas. Varias millas. Fue muy gracioso, porque pensé que tendría que quedarme allí, y al principio, tenía miedo. Y su madre comenzó a hablarme y contándome todo sobre ello y cómo no tener miedo.

J: *¿Recuerdas lo que pasó?*

A: Bueno, recuerdo que estaba muy enferma y no podía respirar. Y, de repente, no pude sentir nada. Y todos comenzaron a llorar, y yo me quedé parada junto a mi cama. Y me asustó que pudiera verme tendida allí. Fue muy extraño al principio. Entonces me quedé cerca ese cuerpo. Pensé que tenía que hacerlo. No sabía que podía dejarlo.

J: *¿Ahí es cuando viste por primera vez a la madre de Al?*

A: Sí. La vi en el cementerio. Temía que tuviera que estar en ese cuerpo, y no quería que me enterraran. Estaba terriblemente asustada al principio. Pero ahora no tengo miedo. Ella me dijo que no tengo que quedarme en el cementerio. Puedo ir a cualquier lugar que quiera. Que hiciera lo que yo quisiera hacer. Me dijo que hay cosas que tendré que hacer más tarde, pero hasta ahora, no me ha dicho nada.

J: *¿Ella te dijo esto?*

A: Sí, ella me lo contó. Me habló hace mucho tiempo.

J: *¿Está ella aquí ahora?*

A: No, fue a alguna parte. Le pregunté a dónde y ella trató de explicarme. Aunque no entendi.

J: *¿Qué dijo ella?*
A: Que a veces se te dice que vayas a hacer cosas, y vas y las haces. Solo le pregunté, ¿y si no quisiera hacerlas? Y ella se rió y dijo que me gustará hacerlas. Hace mucho tiempo nadie me dijo que tenía que hacer algo. No estoy segura sobre ello.
J: *¿Dices que estás en el cementerio? ¿Puedes ver dónde fue enterrado tu cuerpo?*
A: Sí. Tengo una cruz.
J: *¿Hay algo escrito en esa cruz?*
A: Mi nombre. Y dice: "Mi amada yace aquí". Y dice, el 28 de julio de 1927. "
J: *¿Algo más?*
A: Solo eso. Y mi nombre: June ... Gagiliano.
J: *¿Gagiliano? ¡Pensé que tú y Al nunca se casaron!*
A: Él me amaba, pero no podía casarse conmigo.
J: *Pero él te dio su apellido en tu lápida.*
A: Sí.... Antes de morir, dijo que lo haría. Dijo que era su último regalo.

No es de extrañar que la esposa de Al estuviera enfadada. No solo estaba June enterrada en el cementerio familiar, le dieron su apellido también.

En otra sesión:

J: *¿Qué estás haciendo, June?*
A: Sentada aquí en este patio. Esta casa era mía
J: *¿Esta casa era tuya?*
A: Sí. Ojalá pudiera quedarme en esta casa.
J: *¿No puedes quedarte aquí?*
A: No. Tengo que ir a algún lugar algún día. Me quedaría aquí si me dejaran. Esta casa era un palacio para mí.
J: *¿Alguien te dijo que tendrías que irte?*
A: Se supone que no debes quedarte en casas y asustar a la gente ni nada de eso.
J: *¿Quién te dijo esto?*
A: La madre de Al.
J: *¿Qué ha estado sucediendo alrededor de tu casa, ahora?*
A: Están empacando mis cosas.

J: *¿Quién es?*
A: Al. No permitirá que nadie toque ninguna de mis cosas.
J: *¿Qué va a hacer con ellas?*
A: No lo sé. Darlas, supongo. Algunas de ellas creo que siempre se las quedará. Está poniendo todo en baúles y cajas.
J: *Tal vez vaya a llevarlo a su casa.*
A: No lo sé. Él sigue hablando. No sabe que puedo escucharlo. Me dice que me amaba. Me dice que nadie más significaba nada para él. Él me quiere de vuelta. Realmente no quiero volver.
J: *¿No? Pensé que te gustaba tu vida allí.*
A: Me gustó. Pero es mejor no preocuparse. Estar aquí. Él estará aquí también, algún día. Todos vienen aquí.
J: *Hablas de venir aquí. ¿Dónde está aquí? Estás aquí en el patio.*
A: A este mundo. Todo el mundo muere, y su espíritu es libre de nuevo. Aún no sé todo. Tengo que aprender más. Pero es una sensación agradable estar aquí.
J: *¿Y de dónde vienes?*
A: Vengo de la nada. Solo voy por lugares.
J: *¿Y cómo es este mundo en el que estás? ¿Hace calor?*
A: Oh, no.
J: *¿Está frío?*
A: No, simplemente esta bien.
J: *¿Y cómo te mueves? Flotas o ...*
A: Simplemente decido dónde quiero estar, y estoy allí. Parece que simplemente te mueves por arte de magia. No lo entiendo; Sólo lo hago. Me viene a la mente, dicen.
J: *¿Te mueves rápido?*
A: Oh, sí. O si lo deseas, puedes ir despacio.

En otra sesión:

J: *¿Qué estás haciendo?*
A: Esperando a que Al venga aquí.
J: *¿Dónde estás?*
A: Solo sentada aquí, esperando en el cementerio.
J: *¿Al va a estar aquí pronto?*
A: Pronto, creo. No debería tardar mucho.
J: *¿Cómo es la percepción que tienes del transcurrir del tiempo?*

A: Oh, más o menos lo juzgas. Es solo algo que sabes. No es como solía ser, donde tenías que hacer todo a tiempo.

J: *¿Entonces piensas que Al estará aquí muy pronto?*

A: Antes de que termine el año.

J: *¿Cómo sabes que va a estar aquí?*

A: Su madre me lo dijo. Y cuando fui a verlo, podría deducirlo.

J: *¿Cómo puedes deducirlo?*

A: Solo lo miré y pude verlo.

J: *¿Quieres decir que mirando a la persona, podrías decir que iba a estar allí contigo en breve?*

A: Sí, podía sentirlo.

J: *¿Puedes describirme este sentimiento, o cómo te afecta?*

A: No sé cómo hacerte entender. Simplemente miras a alguien y lo sientes, al igual que sabes su nombre y todo lo que hay que saber sobre ellos. Es incluso más que eso. Es como si supieras lo altos que son, de qué color son sus cabellos, y sabes cuándo van a estar contigo. Puedes ver todo sobre todo en el pasado... todo.

J: *¿Y dices que puedes ver en su pasado?*

A: A veces, sí. Podía decir mucho sobre Al, más de lo que sabía en todos los años que lo conocí. Porque antes, cuando me decía algo, yo tenía que creer y preguntarme, o pensar que no era verdad y me lo preguntaba. Ahora solo necesito mirarlo, y lo sé.

J: *Cuéntame algunas de estas cosas sobre Al que has aprendido ahora y que no sabías antes.*

A: Bueno, antes siempre solía decirme cuánto me amaba, pero a veces era tan odioso. Nunca había sabido si realmente lo hizo o no. Ahora sé que siempre me amó. Y a veces me preocupaba cuando no lo veía, me preguntaba dónde estaba y si tenía otra amiga. Y cuando lo miré, estas cosas, simplemente las sabía. Él realmente no amaba a nadie más que a mí.

J: *Pero él estaba casado y tenía hijos.*

A: Sí, sí. Pero él no estaba feliz con ella. Ya no estoy celosa de ella. Solía estarlo. Quería que se casara conmigo, pero ahora no sé ...

J: *¿Puedes mirar a Al y ver qué tipo de trabajo estaba haciendo?*

A: Sí, podría deducirlo. (Tristemente) Oh, él está en todo tipo de cosas malas. Siempre me dijo antes que no le preguntara. Yo sabía un poco, pero no quería pensar en ello. (Casi sollozando) Así que simplemente no pensé en eso. Y cuando me enteré, estaba tan herida. No creo que vaya a salir de eso. Lo matarán antes de que pueda irse.

J: ¿Qué hace él?

A: Bueno, él hace las cosas que se supone que no debe hacer. Él está a cargo de muchas cosas que no están bien. Transporta mujeres de ida y vuelta.

J: ¿De ida y vuelta en dónde?

A: Diferentes ciudades, diferentes estados. Lo llaman "esclavo blanco".

J: ¿Qué son estas cosas que está haciendo?

A: Compran este polvo blanco. Lo he visto hacer antes. Mezclan azúcar y otras cosas en él, y lo venden. Lo ponen en pequeños sobres y lo venden.

J: ¿Algo más que él haga?

A: Bueno, les dan pistolas a personas que quieren. Incluso han matado gente. No creo que lo haya hecho él mismo, pero ha matado gente.

J: ¿Consigue a alguien que lo haga?

A: Oh, hay muchos sujetos que trabajan para él.

J: ¿Es él el jefe?

A: Es uno de los grandes. No tienen muchos por delante suyo.

J: ¿Hay alguien que sea su jefe?

A: Hay dos más, más arriba.

J: ¿Quiénes son?

A: Bueno, lo vi hablar con alguien que estuvo con él. Está a cargo de otro territorio, y hablan sobre el jefe. Hay uno de ellos tan alto que nunca lo atraparán. No creo que nunca sepan quién es, ni si estuvo involucrado o no.

J: ¿Pero no sabes quién es él?

A: No conozco al que está más arriba. Cuando me enteré, tenía miedo. No intenté averiguar mucho. Odio saber cosas sobre él, pero sé que trabajó con Frank.

J: ¿Frank? ¿Ese es el jefe?

A: Ese es.

J: Este es el que está tan arriba que nunca podrían atraparlo?

A: No. Frank es solo... Cuando lo atrapen, van a pensar que tienen al mas grande.

J: ¿Conoces su nombre completo?

A: Bueno, cuando solía conocerlo, no sabía que él era el jefe. Pero cuando volví a ver a Al, lo sabía entonces. Sabía su nombre y todo. Pero antes no.

Johnny y yo estábamos literalmente aguantando la respiración. ¿Obtendríamos algo que pudiera ser verificado?

J: *¿Cuál es su apellido?*
A: Nitti.
J: *Nitti. Frank Nitti. ¿Lo conocias bien?*
A: Oh, lo he visto. Lo he visto mucho. No pensé que él fuera muy inteligente. ¿No es gracioso?
J: *Y aquí está el jefe de Al.*
A: Sí, aunque yo pensé que Al era su jefe. Nadie supo exactamente lo que hizo Frank. Al siempre dijo que tenía mal genio. No hagas preguntas decía. Lo que sea que diga, acéptalo y actúa como si lo dices en serio.

Por fin teníamos el nombre de una persona real. Cualquiera que esté familiarizado con las historias de los locos años veinte y las bandas de Al Capone y Frank Nitti, sabe de su notoria reputación. Eran algunas de las figuras más notables de esa época extravagante. ¡Pero encontrar información sobre su pandilla era imposible! El tribunal de Chicago y el Departamento de Policía de Chicago no pudieron ayudarme en absoluto.

El Tribunal de Chicago no pudo dar ninguna información sobre Frank Nitti, sobre el quien sabemos que vivió. Respondieron: "Lamentamos no poder ser muy útiles con respecto a sus preguntas sobre la historia delictiva temprana de Chicago. Nuestros archivos de artículos son solo fragmentarios con respecto a ese período y no pudimos encontrar nada sobre los temas de su investigación, es decir, Frank Nitti y su pandilla ".

El Departamento de Policía de Chicago también fue un callejón sin salida. Ni siquiera respondieron mi carta. La mejor fuente de información resultó ser un libro viejo que encontré en la Biblioteca de la Universidad de Arkansas. Fue impreso en 1929 y se considera una rareza. Se llamaba Crimen Organizado en Chicago, por John Landesco. Frank Nitti, también conocido como el "Enforcer", fue el segundo al mando y el gerente comercial del consorcio Al Capone.

Manejó la mayor parte del dinero de este sindicato. Ha sido imposible encontrar información sobre hombres que puedan haber trabajado para él. Landesco afirmó que el sistema de mantener registros en el departamento de policía era muy primitivo en esos días. Se tomaban huellas dactilares, pero si la persona no tenía registro, estas no se archivaban, sino que se desechaban. Los registros eran extremadamente incompletos, y algunos líderes de pandillas muy importantes no tenían registros o eran muy escasos. Los periódicos de la época (que encontré en un microfilm) contaron más sobre lo que estaba sucediendo que los registros.

También parece que el nombre Gagiliano es común en Chicago, aunque nos resultó extraño. Una búsqueda a través de los archivos policiales sería una cuestión de separar el trigo de la paja y esperar que encuentres algo. También sería extremadamente lento. Entonces también, June mencionó que Al no quería que nadie supiera su verdadero nombre. Es posible que haya buscado otro nombre con la pandilla para proteger a su familia.

En estas circunstancias, cualquier investigación sobre esta epoca se vuelve extremadamente difícil. A primera vista, esto no parece ser así, ya que los acontecimientos se produjeron en un pasado bastante reciente. Y fue decepcionante cuando estos obstáculos comenzaron a aparecer.

Durante otra sesión, le preguntamos a Anita dónde estaba.

A: Sólo estoy yendo de un lado a otro. Sólo hago lo que me dicen... aprender. A veces vuelvo a mi propia casa, pero hay otras personas que viven allí ahora y ya no es muy bonita la casa, no la cuidan mucho. Dejaron que mis paredes blancas se ensuciaran. Necesitan pintura. No me gusta verlos. Ellos mueven mis muebles. Ellos mueven las cosas, y no me gusta, así que no voy muy a menudo.
J: *¿Dónde te quedas la mayor parte del tiempo?*
A: Con Al. En su casa.
J: *¿Crees que él puede verte?*
A: Hablo con él, pero no me escucha. Llora mucho. Él está envejeciendo también. No lo amo como lo hice, pero me siento cerca.
J: *¿No lo amas?*

A: No es como lo amaba antes. Me siento mucho más cerca.
J: *¿Crees que esperarás aquí hasta que muera?*
A: No. Sé cómo va a morir. No quiero verlo
J: *¿Cómo lo sabes?*
A: Puedo verlo. (Alterada) Puedo verlo. Si te concentras, puedes ver cosas.
J: *¿Cómo morirá Al?*
A: Lo van a matar. La policía le va a disparar. Lo han estado observando durante mucho tiempo. Y finalmente lo van a matar.
J: *¿Qué año será cuando le disparen?*
A: No mucho después de ahora. Antes de que termine este año.
J: *¿Puedes concentrarte y ver más adelante qué vas a hacer?*
A: (Pausa larga) Me quedaré aquí un tiempo. Tengo que hablar con Al. Decirle que entiendo todo. Entonces me voy a ir.
J: *¿Dónde crees que irás?*
A: No lo sé. Pensé que iría al infierno cuando muriera, pero no lo hice. ¡No estoy ardiendo!
J: *¿Has visto el cielo?*
A: No. He hablado de eso con la madre de Al. Ella tampoco ha estado allí todavía. Solo miramos alrededor y vemos cosas.
J: *Puedes ver los edificios. ¿Puedes ver las cosas como eran cuando estabas viva?*
A: Sí. Puedo pasar a través de los edificios. Puedo hablar, puedo gritar y no pueden oírme. Nadie puede escucharme Si se concentraran, podrían oírme. Todo el mundo puede escuchar espíritus si se concentran. Algunas personas les tienen miedo a los espíritus. Intentan advertirte, pero no te hacen daño. Le hablo a Al y le digo: "No vayas allí esta noche. No vayas, no vayas allí. La policía está vigilando".
J: *¿A dónde va?*
A: Él va a ese lugar donde hacen cosas.
J: *¿Whisky?*
A: Todo tipo de cosas. Él va allí y supervisa. Él les está diciendo a ellos dónde tomarlo. La policía lo ha estado observando durante mucho tiempo. Ellos realmente van a tomar medidas.

Según los viejos archivos del periódico, la represión comenzó en 1929 cuando arrestaron a unos 3.000 en un día. Continuó en 1930 cuando los periódicos enumeraron los nombres de los policías y el número de gánsteres que cada uno había asesinado. Al comisionado le dijeron que recibiría toda la ayuda que él y sus escuadrones de "matar policías" necesitasen. Los nombres de los gánsteres no figuraban porque había demasiados arrestados o asesinados. Es lógico suponer que la muerte de Al ocurrió alrededor de esta vez.

J: *¿No vas a quedarte y verlo morir?*
A: No quiero verlo morir.
J: *Pero dijiste que querías hablar con él.*
A: Cuando esté enterrado, hablaremos. No iré a donde va a pasar. Me voy a quedar aquí y esperarlo.
J: *¿Lo enterrarán allí en el cementerio familiar?*
A: Sí. Van a ponerlo allí. Su esposa está enfadada. Ella no lo quiere cerca de mí.
J: *¿Puedes ver cuándo va a morir su esposa?*
A: Ella va a vivir un poco más. Ella vivirá para sus nietos. Sus hijos están casados ahora, y van a tener nietos.
J: *¿Ves a Al después de que él está muerto?*
A: Veo su espíritu. Hablamos.
J: *¿La madre de Al está allí también?*
A: Ella habló con nosotros. Ella sabe que él me amó cuando vivió. Nuestros espíritus estaban cerca. Sin embargo, no podemos permanecer juntos mucho tiempo. Parece que tengo que ir a otro lugar.
J: *¿Te tienes que ir?*
A: Te llaman cuando te necesitan.
J: *¿Quién te llama?*
A: Hay una voz que me llama. Me está llamando.
J: *¿Y a dónde vas?*
A: No lo sé. ... Seguir, flotar y seguir. ... Al ya ha sido llamado. Lo esperé. Él se va. Se va... (Pausa) Está esta mujer. Ella sigue orando por ayuda.
J: *¿Qué mujer?*
A: No lo sé. Voy allí, pero no me gusta. Está en Missouri. Esta mujer se alejó de la granja. A ella tampoco le gustaba la granja. Quizás es por eso que se supone que debo ayudarla. Pero ella es tonta. Hablo con ella, pero ella no escucha. Si hago ruidos, ella escucha ruidos. Los llama advertencias.
J: *¿Y esta mujer está rezando?*

A: Ella dice, "Por favor, Dios, ayúdame. No puedo soportarlo otra vez". Está trabajando terriblemente duro. Tiene muchos hijos. (Pausa) Oh, Dios, no quiero tener que quedarme aquí. ... Es como antes. ... Su marido es cruel con ella. Intento decirle que se vaya, pero tiene miedo de irse. Tiene muchos hijos y está asustada.

J: *¿Era esto para lo que la voz te llamaba, para venir a ella?*

A: Sí. Se supone que debo hacer algo aquí, pero no sé qué. (Su voz sonó muy triste.) Me lo dirán. Alguien me dirá qué hacer… la voz! Tengo que volver y ser pobre de nuevo. (Parecía sorprendida.) ¡Voy a tener que ser alguien más otra vez!

J: *¿Quién te dijo esto?*

A: Solo lo sé. Es un sentimiento que tengo. Estoy dentro de este cuerpo. Esta mujer me odia, y aún no nací. ... Mis brazos están comenzando a crecer ...piernas ... van a ser piernas. Tengo que pasar por esto de nuevo. (Con una sensación de resignación) He pasado por esto antes, y antes, y antes. Y tengo que hacerlo todo de nuevo. ... Esta vez no será fácil.

J: *¿Va a ser más difícil que los que has conocido antes?*

A: Sí. Ella me odia. Ella sigue rezando todos los días para que muera ¡Ella me odia!

J: *¿Qué tan grande eres ahora?*

A: Estoy casi listo para nacer. Soy grande ... para un bebé, soy muy grande. (Pausa) Ella sigue sentada y llorando. No me quiere. No sabe que yo ya la ayudé. Su marido iba a dejarla, pero cuando ella se quedó embarazada, él no se fue. Él no podía abandonarla estando embarazada.

J: *¿Cuántos niños tiene?*

A: Voy a ser su octavo, pero uno murió. Hable con él. Me dijo lo que pasó. Ella le dijo a todos que había muerto, pero no murió. Él nació, y ella estaba en casa sola. Nació temprano, y ella no quería amarrar el cordón umbilical. Lo dejó morir. Lo mató! Ella lo odiaba. No quería hijos.

Era evidente que Anita estaba hablando de su entrada a su vida actual. Más tarde dijo que no conocía de ningún problema entre su padre y su madre. Su padre siempre fue cariñoso y amable con ella, pero su madre nunca le mostró ningún afecto. Ella era una mujer muy fría. Anita nació cuando su madre era mayor, pasó el "cambio de vida" y siempre parecía resentida con Anita. Como resultado, creció sin sentimientos hacia su madre, pero adoraba a su padre. Tiene muchos hermanos y hermanas, todos mayores que ella. La niña más joven era adolescente cuando nació Anita, por lo que tampoco había intimidad con los hermanos. La familia siempre dijo que había habido otro niño, un niño que murió antes de que naciera Anita, pero eso fue todo lo que se dijo. Si lo que Anita recordaba bajo hipnosis era cierto, sabía que nunca sería capaz de contarle nada a nadie de su familia al respecto. Supongo que su madre sería la única persona que sabía la verdad sobre lo que realmente sucedió. La madre de Anita murió casi al mismo tiempo que comenzamos este experimento y Anita no sufrió su muerte. Pero de todos modos, este no era exactamente el tipo de cosa que podrías preguntarle a tu madre.

J: *¿Has nacido ya?*
A: Está muy cerca. Su cuerpo está cansado. Ella no puja. El doctor la está ayudando. Él la empuja y sus músculos se mueven. Él empuja ... él empuja.

Esto fue muy dramático. Anita comenzó a jadear y jadear por aire. Agarró los brazos de la silla, y casi se empujó hacia arriba desde el asiento mientras giraba la cabeza de un lado a otro, como si luchara por respirar.

A: (Ella jadeó.) Es difícil respirar ... es difícil respirar. Mejor que se den prisa. Me asfixiaré.

Estaba empezando a preocuparme. Fue muy difícil de ver. ¿Podría ella realmente hacerse daño? Pero luego pensé, ella había nacido. Llegó aquí bien. Si Johnny estaba experimentando alguna preocupación, no lo demostró. Parecía tener el control de la situación.

J: *¿Está el cordón enrollado alrededor de tu cuello?*
A: (Estaba jadeando y jadeando). No. No puedo respirar. Ella está apretada. Está apretada ... No puedo respirar bien. ... Gracias a Dios, el doctor está aquí. No me matará!

Ella dejó escapar un gran suspiro de alivio y se dejó caer contra la silla.

J: *¿Es más fácil respirar ahora?*
A: Ya nací. Mi cabeza está fuera de todos modos. Esa es la parte más difícil. (Pausa) Estoy sobre una mesa. Mi tía me está lavando. Tía ... Lottie es su nombre.

Su tía Lottie le había dicho que estaba allí cuando nació Anita en casa.

J: *¿Puedes verla?*
A: Cuando me quiten este velo de mi cara, podré.

Tengan en cuenta que existe una creencia popular folklórica de que un bebé que nace con una cala en su cara tendrá capacidad psíquica.

A: Soy un bebé bonito, pero soy rojo.
J: *Bueno, tomará un par de días para irse.*
A: Voy a pasar por todo esto de nuevo.
J: *¿Te acuerdas de ... Carol?*
A: En algún momento en el pasado la conocí. Ella hizo muchas cosas malas. Cosas malas. Tengo que ser cuidadosa esta vez. Y no hacer esas cosas. Si me caso, me quedaré casada. Nunca volveré a escapar, sin importar lo mucho que quiera. Creo que es por eso que tuve que volver.
J: *¿Tu madre te ha dado un nombre?*
A: Bueno, mi madre quiere nombrarme, pero mi papá no la deja. Mi papá dijo que ella nunca me quiso. Asi que no tiene ningún derecho a nombrarme.
J: *¿Tu papá te dará un nombre?*
A: Creo que va a escuchar a mi tía. ... Ella dice que Anita es un nombre bonito. Un nombre exótico, y tal vez sea famosa o haga algo con un nombre como ese. Mi madre odia ese nombre. En este momento lo odia ... pero no me importa. Mi papá se lo dijo al doctor, y ya está es el nombre. ... Y me llamaron Jane. Anita Jane. (Secretamente) Jane es como Carol. ... Yo solía ser Jane, también.

Ella dijo, como si tuviera un secreto que solo ella sabía.

J: *¿Qué quieres decir con que solías ser Jane?*

A: Hace mucho tiempo, yo era Jane. ... ¿Y sabes qué es gracioso? Mi madre cree que ganó una discusión, pero no ganó nada. Ella dijo que me pusieron el nombre de su madre, Jane. Pero yo solía ser Jane. Hubiera sido Jane de todos modos.

Esta sesión que abarcó la muerte y el renacimiento de Jane como Anita duró dos emocionantes horas. Estábamos emocionalmente agotados ... exhaustos... y listos para dejarlo y tomar un descanso. Sin embargo, ella nos decía que había más. ¡Había otra personalidad que se había llamado Jane! Bueno, ya habíamos tenido suficiente para una sesión, y necesitaríamos digerir lo que habíamos escuchado. Jane tendría que esperar hasta más tarde.

Chapter 6

Conocemos a Jane

Las misteriosas e intrigantes observaciones de Anita al final de la última sesión dieron la pista de que había mucho más por descubrir. Auguró que solo se había rasguñado la superficie. Era como ponerle el señuelo a un pez desprevenido y finalmente mordimos el anzuelo. ¿Quién era Jane? ¿Había una Jane? En esta sesión intentaríamos averiguarlo, pero Johnny tenía que tener mucho cuidado al formular las preguntas para no influir en ella. Él siempre trató de permitir que Anita contara su historia en sus propias palabras. La llevó a un tiempo anterior de la vida de June/Carol.

J: *Voy a contar hasta cinco, y volveremos al año 1870. (Contado) ¿Qué estás haciendo?*
A: Me estoy dejando llevar.
J: *¿Dejándote llevar? ¿Hace calor?*
A: Está en su punto.

Descubrimos que cada vez que decía que no sentía ni calor ni frío, estaba habitualmente en el estado espiritual. Este estado se explorará más a fondo en otro capítulo.

J: *¿Puedes ver algo?*
A: Estoy viendo donde solía vivir. La gran casa que se quemó. En Tennessee.
J: *¿En qué ciudad está?*
A: Memphis.
J: *¿Cómo se quemó la casa?*
A: Los soldados la quemaron.
J: *¿Por qué hicieron eso?*
A: No lo sé. Hubo guerra, y ... no estaba allí cuando la quemaron. Sólo les observaba.

Como obviamente era un espíritu, Johnny decidió retroceder para descubrir más sobre esta vida. La llevó al año 1860 y preguntó: "¿Dónde estás?"

A: Estoy en mi casa
J: *¿Y dónde está tu casa?*
A: (La voz de Anita cambió a un definido acento sureño) Mi casa está en Memphis.
J: *¿Y cómo te llamas?*
A: Me llamo Jane.

Esta era la Jane que Anita había mencionado después de su muerte como June/Carol.

J: *¿Cómo te apellidas, Jane?*
A: Me llamo Jane Rockford.
J: *¿Cuántos años tienes?*
A: Cumpliré pronto los 18.
J: *¿Estás casada?*
A: Todavía no. Estoy comprometida con el hijo de nuestro vecino. Su nombre es Gerald, Gerald Allbee (Allby?).
J: *¿Te gusta Gerald?*
A: Le quiero mucho.
J: *¿Cuándo vas a casarte?*
A: El próximo verano.
J: *¿Vas ahora al colegio?*
A: Oh, no. He estado en el colegio. Fui al colegio varios años para aprender a ser una dama.
J: *¿Y ... fuiste a la universidad?*
A: No, fui a una escuela de finalización de etiqueta para chicas. Cerca de St. Louis.
J: *¿Cómo se llama esa escuela?*

Johnny estaba buscando algo que podíamos verificar.

A: Era ... era ... ¿Whitley? Whittley? Hace gracia que no pueda recordarlo. No ha sido hace tanto tiempo. ... Echaba mucho de menos mi hogar. Hace mucho más frío allí arriba, ¿sabes? Y extrañaba a mi mamá.

Más tarde, escribí a la Sociedad Histórica de Missouri para ver si podían darnos alguna información sobre una escuela con ese nombre. Esta fue su respuesta: "Encontramos en el Directorio de St. Louis de 1859, enumerado en Colegios y Seminarios, Privado, el nombre Elizabeth Whiting, Locust St. entre la calle 4ta y 5ta. El periódico republicano de Missouri del 1 de septiembre de 1860 contiene un anuncio de primera plana que dice: "Sra. Jewett (sucesora de la Señorita Whiting) comenzará la segunda sesión anual de su colegio el lunes 3 de septiembre... "

Ya sea que esta fuera o no la misma escuela a la que asistió Jane, la similitud de los nombres y las fechas correspondientes parecen significativas. En 1860, cuando el colegio cambió de personal, ella había terminado y estaba en casa en Memphis.

Johnny intentó obtener información histórica porque sabíamos que esta fecha era anterior a la Guerra Civil.

J: ¿Puedes decirme quién es el presidente ahora?
A: Pues estamos teniendo un gran debate sobre quién será el presidente. Y Lincoln, si lo consigue, no va a seguir siendo presidente.
J: Pero, ¿quién es el presidente ahora mismo?
A: No le conozco. [James Buchanan]
J: ¿Pero este hombre llamado Lincoln va a ser presidente?
A: Mi papá dice que no puede ser. No podemos tolerarlo. Es algo intolerable. Él no sabe nada sobre nuestra vida, y no nos entiende en el sur. Y no podemos dejar que lo sea. Discuten, y no puedes evitar escucharlo. No me gusta escuchar. Hablan de una guerra.
J: ¿Va a haber una guerra?
A: Puede haberlo si es elegido. Ellos no le tolerarán. Es intolerable.
J: ¿Y... tienes 18 años?
A: Sí, señor.
J: ¿Y tu casa está en Memphis, Tennessee? ¿Cómo de grande es tu casa?
A: Se podría decir que en esta ubicación son casas muy grandes. Me imagino que el mismo tamaño de las otras casas. Debe haber ... tal vez 14, 15 habitaciones, porches, y ...

J: ¿Tu casa está justo en Memphis?
A: Bueno, está al borde de la ciudad. En Gately Road.
J: ¿Tienes hermanos o hermanas?
A: Tengo una hermana mayor que ya está casada. Y también tengo un hermano pequeño, un año más joven.

En este punto, Johnny pensó que sería interesante ver si Jane podía escribir su nombre. Había funcionado antes cuando le pidió a la pequeña Carolyn que escribiera su nombre. Lo había escrito para nosotros. Entonces hizo que Anita abriera los ojos y le dio un lápiz y papel. A Anita siempre le parecía muy difícil abrir los ojos en una situación como esta, como a alguien profundamente dormido. Incluso con sus ojos abiertos, tenía una mirada vidriosa. Anita (Jane) escribió con una letra bonita y fluida, con letras mayúsculas, "Señora Jane Rockford". No se parecía nada a su letra habitual [la de Anita]

J: Que bonito. ¿Aprendiste eso en el colegio de etiqueta?
A: Practiqué y practiqué para escribir claramente.

Mientras intentaba pensar en más preguntas, Johnny decidió preguntar sobre su apariencia. "¿De qué color es tu cabello?", preguntó.

A: Rubia.
J: ¿Cómo eres? ¿Eres delgada?
A: Sólo tengo una cintura de 18 pulgadas. Por supuesto, siendo atada un poco con el corsé.

Una declaración extraña para la persona con sobrepeso que estaba en la silla!

J: ¿Qué llevas puesto?
A: Llevo un vestido azul.
J: ¿Tiene una falda completa?
A: Tengo mis enaguas puestas.
J: Oh, sí. ¿Cuántas enaguas?
A: Me pongo cuatro la mayor parte de veces.
J: ¿Cuatro? ... ¿Qué tipo de zapatos?

A: Mis zapatos son pequeñas sandalias, y hay una correa que sujeta mi pie.
J: *¿Y tu pelo?*
A: Pues lo arregla mi nodriza. Lo peina como olas. ... puedes ver los rizos en la parte trasera. (Anita giró la cabeza hacia un lado y le dio unas palmaditas en el pelo).
J: *¿Una nodriza? ¿Tienes muchos sirvientes?*
A: Oh, mi padre tiene muchos Negros.
J: *¿Cómo se llama tu padre?*
A: Maestro Rockford.
J: *¿Y tu madre?*
A: ¿El nombre de mi madre? También se llama Jane.

Así que nuestra segunda personalidad había surgido, y esta joven belleza sureña era tan diferente de nuestra chica flapper de Chicago como la noche y el día. Y las dos también eran muy diferentes de Anita. El resto de la historia de Jane Rockford salió a la luz durante varias sesiones, así que una vez más, las pondré en orden cronológico para facilitar su lectura.
Nuestro primer contacto con Jane fue en 1850.

J: *¿Qué estás haciendo?*
A: Jugando con mis muñecas. (Acento sureño otra vez) Hace mucho calor afuera.
J: *Debe ser verano.*
A: Ah, sí.

Johnny nuevamente le preguntó su nombre y dónde vivía para verificar que estábamos hablando con Jane.

A: Vivo en Gately Road en una casa grande blanca.
J: *¿Cuántos años tienes, Jane?*
A: Ocho. Mi cumpleaños fue en la primavera.
J: *¿Tuviste una fiesta de cumpleaños??*
A: Solo con la familia.
J: *¿Te dieron muchas cosas bonitas?*
A: Siempre recibo regalos. Me dieron un anillo bonito, ropa nueva. Me dieron esta muñeca con la que estoy jugando.
J: *Es muy bonita. ¿Vas al colegio?*

A: Una mujer viene a casa.
J: *Ah, tienes una tutora.*
A: ¿Una qué?
J: *Oh, ¿no la llaman una tutora? ¿Cómo la llamas?*
A: (Inocentemente) La llamo señorita White.
J: *Señorita White. ¿No la llamas "Maestra" ni nada de eso?*
A: Oh, ella es mi maestra

Siempre nos parecía extraño cuando Anita no conocía el significado de una palabra cotidiana, mientras regresaba a estas otras vidas. Estas eran palabras que su mente consciente sin duda conocería. Esto sucedia en muchas otras ocasiones. A veces, cuando tienes que explicar el significado de una palabra, es complicado. Te da la extraña sensación de que estás realmente en contacto con una persona de otro período de tiempo. Contactamos con Jane nuevamente a la edad de 15 años.

J: *¿Qué ves?*
A: El patio. Será verde ... aún no es.
J: *¿Dónde estás viviendo, Jane?*
A: En la casa de mi padre y madre.
J: *Oh, ¿la casa grande blanca?*
A: Es muy grande.
J: *¿En qué ciudad estás?*
A: Un poco a las afueras de Memphis.
J: *¿Cómo vas a la ciudad?*
A: En el carruaje.
J: *¿Es un viaje largo?*
A: Oh, no; no está lejos.
J: *¿Vas mucho a la ciudad?*
A: Las veces que pueda ir.
J: *¿Cuántos años tienes, Jane?*
A: ¿Deberías preguntar?
J: *Solo me lo preguntaba.*
A: Bueno, tengo 15.
J: *¿Vas al colegio?*
A: Voy a ir. Ahora estoy en casa. Me voy a ir este año. Voy a ir durante tres años al colegio. Podría ir más tiempo.
J: *¿A dónde vas?*

A: Está muy cerca de St. Louis.
J: *Oh, eso está en el norte.*
A: Sí. Mi papá me va a llevar. Vamos en barco. Los barcos van allá todo el tiempo. Se puede ir incluso más lejos si uno quiere.
J: *¿Has estado antes en estos barcos que van por el río?*
A: He bajado a los diques y los he mirado.
J: *¿Pero nunca montaste en uno de ellos?*
A: No anteriormente.
J: *Apuesto a que será divertido.*
A: Estoy un poco asustada, pero creo que será divertido.
J: *No hay nada de qué temer. ¿Sabes nadar?*
A: No. (En esta vida, Anita es instructora de natación).
J: *¿Nunca aprendiste a nadar?*
A: No.
J: *Bueno, ya sabes es como los peces. Se divierten mucho en el agua nadando.*
A: ¿Qué tendría que hacer con mis brazos?
J: *Cuando nadas, tienes que usar los brazos como el pez usa sus aletas.*
A: Supongo.
J: *¿Dices que has visto el barco? ¿Como es de grande?*
A: Tiene tres pisos de altura. Y papá dice que incluso hay otra habitación debajo. Estaría bajo el agua.
J: *¿Cómo se llama el barco?*
A: Hay varios que entran y salen de Memphis. No sé en cuál iremos.
J: *Pensé que ya habías hecho los arreglos.*
A: Aún queda bastante tiempo hasta que empiece el colegio.
J: *¿Tu papá y mamá irán contigo, hasta que te instales en el colegio?*
A: Creo que solo papá. Él hace este tipo de cosas.
J: *Dices que la escuela está cerca de St. Louis. ¿No está en St. Louis?*
A: Oh, no. No está en la ciudad; está afuera. Y te enseñan todo tipo de cosas, como montar a caballo, y cosas por el estilo.
J: *Eso será muy divertido.*
A: Pero a veces podemos ir a la ciudad por cosas. No está tan retirado como para no poder ir. Papá dijo que estaría un poco más lejos que desde nuestra casa de aquí hasta la ciudad. Solo un poco más lejos.
J: *¿Tienes tu propio caballo en casa? ¿Haces alguna equitación?*
A: A veces. Aunque no soy muy buena. Me gusta. Lo disfruto.

J: *Al menos ya sabes cómo montar. Apuesto a que algunas de esas chicas que van a esa escuela ni siquiera saben cómo montar.*
A: Puede que no, si no provienen de una colonia. Algunas chicas que van allí son chicas de ciudad. Algunas no viven alas afueras como nosotros. Quiero montar como papá.
J: *¿Puede montar muy bien?*
A: Sí, y puede sentarse en la silla de montar de una manera distinta a nosotros. Sería más fácil ir rápido si pudieras poner al otro lado la pierna y salir disparado.
J: *Oh, ¿no puedes sentarte así?*
A: No, la silla de montar ... realmente ... siento que podría caerme. Pero papá dice que nadie lo hace. Puedes elevar la pierna sobre esa cosa pequeña, y eso también te ayuda a mantenerte. Me agarro muy fuerte, y papá dice que tengo la habilidad de tirar demasiado fuerte de las riendas. A los caballos los pone nerviosos cuando haces eso. Hay que ser amables con la boca del caballo. Si tiras hacia atrás, les duele la boca. Arruinas un buen caballo de esa manera.

Parecía que ella se estaba refiriendo a una silla de montar a la inglesa. Una situación inusual surgió cuando regresamos al año 1860, y se le preguntó a Anita. "¿Qué estás haciendo?"

A: (Pausa) Nada.
J: *¿Hace calor?*

Pensaba que podría estar en forma de espíritu aunque, según el año, no lo debería estar.

A: No.
J: *¿Hace frío?*
A: No.
J: *¿Se está agradable?*
A: Se está cómodo.
J: *¿Qué ves?*
A: Bueno, hay muchas granjas por aquí.
J: *¿Dónde estás?*

A: Solo estoy descansando ahora mismo. Puedo hacerlo ... es bueno hacerlo. ... Muy pronto me despertaré. (Así que era eso, estaba dormida.) Que lugares tan bonitos.

J: *¿Son todos agradables y verdes?*

A: (Ella asintió) Todo está lindo en esta primavera. (Pausa) Escuché que las cosas son diferentes en otros lugares, pero ... creo que todo siempre es así. Me gustaría ir a ver si todo es así.

J: *¿Qué quieres decir con otros lugares?*

A: Dicen que si cruzas el río y vas hacia el norte, llegas a las montañas y todo tipo de cosas. Hay algunos lugares que son simplemente praderas. No plantan mucho como nosotros. Hay algunos lugares que son muy secos, y no hay agua en absoluto. Y hay lugares donde la temperatura es casi siempre la misma todo el año, y ... y a veces, vas todo lo que puedes hacia el oeste y todo lo que puedes hacia el norte, hace frío en el invierno. Dicen que hay a veces nieve en el suelo más alta que la cabeza de un hombre. No puedo imaginar eso. Creo que todas son granjas. Son solo historias.

J: *¿Te vas a despertar pronto, Jane?*

A: Se supone que debo tomar una siesta. Todas las tardes, se supone que solo debemos acostarnos y descansar, como hacen las damas. Pero muchas veces me quedo aquí y sueño, pensando en cómo se ve todo. Y a veces, simplemente me acuesto aquí y miro las glicinias, y de alguna manera sueño despierta.

J: *¿Cuántos años tienes, Jane?*

A: Oh, 18.

J: *Y estás viviendo en Memphis. Tienes un gran río corriendo por allí, ¿no?*

A: Sí.

J: *¿Vives cerca del río?*

A: No vivimos al lado de el. Las personas que viven muy cerca se inundan de vez en cuando, y nosotros contruimos más alejados. Esta casa ha estado aquí por mucho tiempo. El papá de mi papá la construyó. Aquí es donde él la quería.

J: *Descubrió dónde construir la casa para que las inundaciones no llegaran a ello.*

A: Nunca nos ha tocado. Tenemos un terreno elevado a todo nuestro alrededor. Es seguro aquí.

J: *Eso está bien. ¿Tienes a muchas personas trabajando para tu papá por allí?*

A: ¿Blancos, quieres decir? Solo el capataz es blanco. La mujer que cose para mamá, ella también es blanca. Tenemos muchos esclavos.
J: *¿Sabes cuántos esclavos tiene tu papá?*
A: Hay más de 50 familias.
J: *Eso son bastantes.*
A: Bueno, sí, pero ya sabes, lleva mucho tiempo. Hay mucha tierra
J: *¿Mucho algodón para recoger?*
A: Sí. Cultivamos mucho algodón.
J: *¿Qué más crece allí en la plantación?*
A: A papá le gusta que tengamos un jardín y que tengamos cosas nuevas. Ya sabes, hacemos mucha comida de esa manera.
J: *¿Tienes tu propio jardín?*
A: Hay un jardín para la casa.
J: *Pero no tienes uno que sea solo tuyo ... ¿Alguna vez has salido y trabajado en el jardín?*

Estaba pensando en la pobre Carol trabajando en la granja.

A: (Sorprendida) Oohh, tendría pecas por todo el cuerpo. Me convertiría tan oscura como un Negro. No salgo al sol. Como están las cosas ya tengo que ponerme suero de leche en las manos.

Esto ciertamente era muy opuesto a Carol.

J: *¿Por qué te pones suero de leche en las manos?*
A: Ah, ayuda a mantenerlas blancos. Te pones suero de leche en la cara y en las manos, y evita que las pecas aparezcan, ya sabes, si sales bajo ese sol. Sukey siempre está detrás mío para que me ponga mi sombrero y mis guantes. A veces hace mucho calor, me gustaría quitármelos, pero es importante que una dama esté guapa. Tienes que ser blanca y guapa.
J: *¿Quién es Sukey?*
A: Ella es mi nodriza.
J: *¿Dónde viven todos esos esclavos?*
A: Viven en sus cuarteles. Sukey se queda en la casa. Ella solo llora y gime y se queja si intentan que se quede afuera. Tiene una pequeña choza allí, pero no se quiere quedar allí. Ella quiere quedarse conmigo. Ya sabes, ella ha estado conmigo desde que era

pequeña. Está miserable si no estoy allí con ella. Entonces mi papá la deja quedarse en la pequeña habitación al lado mio.

J: *De esa manera está cerca tuyo todo el tiempo. ¿Tienes algún novio?*

A: Algunos.

J: *¿Crees que te vas a casar pronto?*

A: Sí. Voy a casarme.

J: *¿Cuándo vas a casarte?*

A: No va a ser dentro de mucho. Pero todavía me gusta hablar con todos los otros chicos y bailar con ellos.

J: *¿Asi que cuando te cases, no puedes hablar con los otros chicos?*

A: No es lo correcto ... no es apropiado para una dama actuar así. Solo tengo que sacarlo de mi sistema antes de casarme.

J: *¿Con quién crees que te casarás?*

A: Me casaré con Gerald. Fue acordado hace mucho tiempo.

J: *¿Cuándo hiciste este acuerdo?*

A: Cuando teníamos 16 años ... fue lo que decidieron. Nunca lo dije, pero ese era el que quería de todos modos.

J: *Parece que realmente te gusta Gerald.*

A: Sí, me gusta.

J: *Debe ser un chico realmente bueno.*

A: Es muy guapo.

J: *¿Vive cerca tuyo?*

A: Sí, justo al lado de nosotros. Vamos a construir nuestra casa aquí, justo entre los dos. Algún día, esto será mío, y algún día su tierra le pertenecerá, y construiremos esta casa justo en el medio.

J: *Ponerlo todo junto.*

A: Sí, quiero mi propia casa. Me gusta esta, pero quiero la mía.

J: *¿Crees que Sukey irá contigo cuando te cases, y vivirá en tu casa?*

A: Estará conmigo. Si no, ella se afligiría hasta la muerte. Mi papá dijo que la tendría a ella, y mi madre dijo que me llevaría a Missy.

J: *¿Quién es Missy?*

A: Esa es la nieta de Sukey, una cosita pequeña. Será de ayuda en la casa. Conseguiremos algunos esclavos de la casa de Gerald. Vamos a necesitar algunos, si comenzamos cualquier tipo de plantación más adelante. Creo que él va a trabajar con su padre por un tiempo.

J: *¿Sus padres también tienen una gran plantación?*

A: Oh, es más grande que la nuestra. Es de un buen tamaño.

J: ¿Y cuándo te vas a casar?
A: El próximo año.

Johnny decidió pasar un año hasta el momento de su matrimonio.

J: ¿Vas a casarte en la iglesia?
A: Voy a casarme aquí en mi hogar, en la casa y estoy practicando bajar las escaleras.
J: ¿Vas a tener una gran boda?
A: Todos estarán en mi boda.
J: ¿En qué día estamos?
A: Es el primer día de agosto.
J: ¿De en qué año?
A: Es 1861.
J: ¿Quién es nuestro presidente?
A: Abraham Lincoln.
J: ¿Cuánto tiempo ha sido presidente?
A: No ha pasado mucho tiempo y estamos teniendo muchos problemas con ello. Vamos a hacer que Jefferson Davis sea nuestro presidente.
J: ¿Jefferson Davis? ¿Sería un buen presidente?
A: Es un buen caballero sureño.
J: (Pausa) ¿Cuándo te vas a casar?
A: Nos vamos a casar muy pronto, en cuando regrese Gerald. Fue a la milicia para averiguar algo. Quizás tenga que estar en la milicia. Estuvimos esperando que saliese del colegio, y ahora puede que tenga que entrar en la milicia. Volverá mañana.
J: ¿La milicia le llamó?
A: Recibió un aviso. Todos los caballeros honorables van.
J: ¿Tienes todo listo para la boda? ¿La casa toda arreglada?
A: Han estado horneando y horneando. Vamos a tener a mucha gente. Estarán aquí en dos días. Nos casaremos en dos días.
J: ¿Y hoy es el 1ro de agosto?
A: Eso es correcto.
J: ¿Te casarás el 3 de agosto? ¿Quién está realizando la ceremonia?
A: El reverendo Jones.
J: ¿Cuál es tu religión?
A: Somos Episcopales.

Johnny la movió al 3 de Agosto, el día de la boda.

A: Estoy bajando las escaleras hacia el altar en mi casa.
J: *¿Están tocando algo de música?*
A: Música hermosa. ... Estoy tan feliz.

Y estaba feliz. Podías sentir emoción genuina en su voz.

A: Y emocionada.
J: *¿Puedes ver a Gerald allí de pie?*
A: Sí. Es muy guapo y rubio. Está en uniforme. Pero me dijo que no será por mucho tiempo.
J: *¿Qué tipo de uniforme es?*
A: Es gris, con botones de bronce.

El color gris era el color de los uniformes de la Confederación.

J: *¿A dónde irás en tu luna de miel?*
A: No lo sé. Vamos a hacer un viaje por el río. Río abajo en un barco.
J: *¿A dónde?*
A: Gerald me quiere sorprender.
J: *¿Entonces, si es río abajo estaría al sur?*
A: Oh, sí. Nunca iríamos al norte junto a esos yanquis.
J: *Estamos avanzando, Jane. Te has casado. Es el 4 de agosto. ¿Dónde estás?*
A: Estoy en un barco, mirando el agua. Bajaremos hasta Nueva Orleans.
J: *¿Alguna vez has estado en Nueva Orleans?*
A: No.
J: *¿Crees que te gustará?*
A: Dicen que me encantará.
J: *¿En qué tipo de barco estás?*
A: Es un barco de esos, con algunas ruedas. Solo el ... ya sabes ...
J: *¿Un barco de rueda de paletas?*
A: Creo que así se llama.
J: *¿Hay mucha gente en el barco?*
A: Oh, varios.
J: *¿Has conocido a alguna de las personas?*
A: No, generalmente estamos siempre nosotros dos juntos.

Naturalmente. Estaban en su luna de miel.

J: *¿Dónde está tu esposo?*
A: Recibió un mensaje cuando nos detuvimos esta mañana y está hablando con el capitán del barco.
J: *¿Dijiste que tu marido está en la milicia?*
A: Sí. Es un teniente. Le llegó un mensaje cuando nos detuvimos en la ciudad esta mañana, era muy temprano.
J: *¿Te dijo Gerald de qué trataba el mensaje?*
A: Dijo que no me preocupase, pero ... es probable que tengamos que volver temprano. Puede que le necesiten.
J: *¿Pero irás a Nueva Orleans?*
A: Tengo muchas ganas de ir. No quiero volver ahora.
J: *Bien. Vamos a seguir adelante hasta el 6 de agosto. Voy a contar hasta tres, y será el 6 de agosto.*

Cuando Johnny llegó a la cuenta de tres, el cuerpo de Anita comenzó a temblar como si estuviera llorando. Siguió sollozando notablemente mientras hablaba.

J: *¿Dónde estás, Jane?*
A: Estoy en casa.
J: *¿Qué estás haciendo en casa?*
A: Gerald se ha ido. Vamos a tener una guerra ... una guerra mala. Tenía que irse. Se ha ido con la milicia a la capital del estado. (Sonaba muy infeliz)
J: *¿No te ha dicho cuándo regresaría?*
A: (Enfadada) Van a poner a esos malditos Yankees en su sitio. Volverá.

Para sacarla de esta situación angustiosa, Johnny la movió al 15 de septiembre y le preguntó: "¿Qué estás haciendo ahora?"

A: (Todavía estaba muy deprimida). Esperando. ... Todavía sigo esperando.
J: *¿Has recibido noticias de Gerald?*
A: No. Hay una guerra. Recibimos noticias, pero no muchas.
J: *¿Cuándo comenzó la guerra?*

A: Comenzó en junio.
J: *Oh, comenzó antes de que te casaras.*

Al buscar entre las enciclopedias para averiguar cuándo comenzó la Guerra Civil, encontré algunas inconsistencias sorprendentes. Las primeras separaciones de estados de la Unión sucedieron en enero de 1861, y hubo algunas batallas importantes alrededor de abril de ese año. Por lo tanto, parece que Jane pudiera estar equivocada cuando dijo que la guerra había comenzado en junio. ¿Pero lo estaba? Decidí investigar más. Revisé la historia de Tennessee y descubrí que Tennessee había votado no separarse de los estados originales. Esperaron hasta que la guerra pareciese seria para comenzar las batallas. Fueron los últimos en separarse de la Unión y se unieron a los otros en junio de 1861. Por lo tanto, parece que Jane tenía razón, porque la guerra comenzó, en cuanto a su conocimiento, en ese mes. Además, en esa época de comunicaciones deficientes comparado con las actuales, no sería inusual que las noticias tardasen más en viajar. Gerald aparentemente sabía que algo estaba pasando, pero no había querido alarmar a su nueva esposa hablando de la guerra en su luna de miel.

J: Jane, ¿Qué clase de día es?
A: Está lloviendo. (Deprimida) Llueve y llueve.
J: ¿Dónde estás?
A: Estoy con mi mamá en su casa.
J: ¿Y está tu padre allí?
A: Mi padre está aquí. ... Espero y espero. Papá me dice todos los días: "No quedará mucho".

Johnny pensó en la relación que tenía con sus padres en la vida de June / Carol y en esta vida presente.

J: ¿Quieres a tu madre y tu padre?
A: Se portan muy bien conmigo, muy bien.
J: Jane, voy a contar hasta cinco, y será el 1 de diciembre. (Contado) ¿Qué estás haciendo?
A: Flotando.

Esto fue una sorpresa. Normalmente esto significaba que ella estaba en forma de espíritu.

J: *¿Dónde estás flotando?*
A: Estoy aquí. Esperando para ver si regresa Gerald. Ha estado fuera dos años
J: *(Sorprendido) ¿Qué año es este?*
A: Es el '63.

Al parecer, Jane había saltado más allá de lo que él le había dicho.

J: *¿Has muerto?*
A: Dijeron que era neumonía.
J: *¿Causado por el clima lluvioso?*
A: No comí.
J: *¿Cuándo moriste?*
A: Hace dos o tres meses. El tiempo no significa mucho ahora.

Estimando el momento de su muerte alrededor de septiembre, Johnny la regresó a ese mes.

J: *¿Qué estás haciendo?*
A: Estoy flotando.
J: *¿Y qué ves?*
A: Veo a muchos espíritus Les pregunto sobre Gerald. Aún nadie le ha visto. Debe de estar en algún lado. Estoy buscando por todas partes. Ningún espíritu le ha visto.
J: *Bueno, probablemente solo lo hubieran visto si hubiera muerto.*
A: Tiene que estar muerto. Busqué y busqué. Creo que es un prisionero. No lo sé. Solo tengo un presentimiento.
J: *¿Sabes dónde?*
A: En el norte. Y quiero ir a buscarle.
J: *¿Por qué no puedes ir?*
A: Odio ir allí arriba. Odio a esa gente No saben que están equivocados, pero les odio por lo que están haciendo.

Una vez más, Johnny la movió hacia atrás un mes más.

J: *Es el 1 de agosto. ¿Qué estás haciendo?*

A: (Su voz se volvió muy baja y suave.) No me siento bien.
J: *¿Dónde estás?*
A: En mi cama.
J: *¿Tienes fiebre?*
A: Creo que si.
J: *¿Has estado comiendo?*
A: No puedo comer. Me siento mal cuando como.
J: *¿Ha ido el doctor a verte?*
A: Los doctores están ocupados con personas enfermas de la guerra. Vino una vez y me dio un medicamento. Sukey se queda.
J: *¿Sukey se queda contigo?*
A: Todos los días. Duerme justo al lado de mi cama. Tengo fiebre. Sin embargo, me quedo helada.
J: *¿Has tenido noticias de Gerald?*
A: Recibí una carta el mes pasado. Las cartas no vienen muy a menudo.
J: *¿Dónde estaba Gerald? ¿Qué te ha dicho?*
A: Estaba luchando. La carta vino del norte. Se la dio a alguien que regresaba a casa. Él me la trajo.
J: *¿Está luchando en el norte?*
A: En el fronterizo. ... ahí en Maryland.
J: *Eso está muy lejos.*
A: Desearía que volviera a casa.
J: *¿Cómo está tu mamá y tu papá?*
A: Mi papá ha muerto.
J: *¿Oh? ¿De qué murió tu papá?*
A: No lo sé. Estuvo enfermo una semana ... y luego murió.
J: *¿Cómo está tu madre?*
A: Está muy débil y llora mucho.

Moviéndola hasta el 10 de agosto, Johnny le preguntó qué estaba haciendo.

A: Flotando y mirando.
J: *¿Qué ves?*
A: Veo a mi padre
J: *¿Dónde estás?*
A: Cerca de mi casa, al lado de nuestro cementerio. Dijo que mamá estaría con nosotros muy pronto. Muy pronto.

J: ¿Y vas a esperar allí a tu madre?
A: Lo quiero ... pero también quiero ver a Gerald. Mi padre dice que espere, que espere. Y papá, no quiero.
J: ¿Sabes cómo va a morir tu madre?
A: Ella ahora también tiene fiebre.

Esto no parecía una neumonía. Sonaba más como algo contagioso. Descubrí que hay unos hechos registrado que en el sur sufrieron una epidemia de fiebre amarilla sobre esta época. Una duda que me molestaba mucho fue, ¿por qué Sukey no se enfermaba también si era algo contagioso? Indudablemente estaba expuesta a ello mientras cuidaba a Jane, y posiblemente a los demás miembros de la familia. Cuando investigué los síntomas de la fiebre amarilla, descubrí que se cree que la enfermedad se originó en África, y los Negros tienen una cierta inmunidad natural contra ello. No contraen la enfermedad tan severamente como los blancos.

La sesión continuó:

J: Bueno, Jane, vamos a avanzar al año 1878. ¿Qué estás haciendo?
A: Solo estoy yendo de un lugar a otro. ... ¡es bonito! Nunca hace calor o frío. Solo se está cómodo.
J: ¿A dónde te estás moviendo?
A: Pues, he estado en Nueva Orleans para ver el French Quarter. Nunca lo he visto, y lo quería ver.
J: Dime lo que ves mientras viajas.
A: Nuestra casa ya no está. Los Yankees la quemaron.
J: ¿Por qué la quemaron?
A: No lo sé.
J: Era una casa muy bonita.
A: Una casa hermosa, pero la quemaron. Parecía que hubo una pelea, y se quemó.
J: ¿La guerra todavía sigue?
A: No, ya terminó.
J: ¿Alguna vez encontraste a Gerald?
A: Hablé con él una vez. Con su espíritu.
J: ¿Murió en la guerra?
A: Nunca regresó.
J: ¿De qué hablaron?

A: Hablamos sobre cuándo nos casamos, duró muy poco. Dos días. Me dijo que se quedaría cerca, y que algún día volveríamos a vernos.

J: *¿Qué vas a hacer ahora?*

A: Estoy esperando que me digan qué hacer.

J: *¿Quién te lo va a decir?*

A: Me lo dice una voz. Cuando no tengo nada que hacer, puedo flotar y ver lugares... a veces tengo que hacer cosas.

J: *¿Como qué?*

A: A veces, trato de ayudar a la gente. A veces escuchan, pero la mayoría de las ocasiones no lo hacen. (Pausa) Fui a ver a Sukey..

J: *¿Sukey aún está viva?*

A: Cuando le vi, lo estaba.

J: *¿Dónde estaba viviendo?*

A: Ella se quedó cerca de los cuartos en la parte trasera de la casa. Aunque ellos dijeron que eran libres, ella se quedó y cultivaba algunas cosas para comer. Cuando hablé con ella, no me oía. Dejé que me viera ... y la asusté. La asusté tanto que se mudó. No quería asustarla. Quería agradecerle. Sé que ella me trató de ayudar.

J: *¿Cómo dejaste que Sukey te viese?*

A: Solamente... puedo hacerlo. Si les ayuda, puedo dejar que me vean. Pero la mayoría de las personas tiene miedo. A veces, cuando me ven, hacen como si no hubieran visto nada .. o dicen que fue un sueño. No quieren pensar que haya sido real. No sé por qué todos temen morir.

J: *¿Acaso... no deberían tener miedo de morir?*

A: ¡No!

J: *¿Qué pasa cuando mueres?*

A: Bueno, al principio sientes mucho frío... y en un momento, desvaneces. Puedes mirar a tu alrededor y puedes ver a la gente. Las personas que te amaron y que ya han muerto. Ellos vienen a verte para que no tengas miedo.

J: *¿Y ... has visto el cielo?*

A: No, aún no he estado allí.

J: *¿Alguna de las personas que vinieron a verte te dijeron algo al respecto?*

A: Dicen que es hermoso.

J: *¿Alguno de ellos ha estado allí?*

A: Creo que una chica ha estado porque no dejaba de contarme sobre ello. Pero comentó que, antes de ir, hay que aprender muchas cosas.

J: *¿Quieres decir sobre cosas buenas, o buenas acciones o ...*

A: Debes aprender a ser bueno. No es correcto ser bueno solo porque tienes miedo de ser malo. Tienes que ser bueno porque quieres serlo. (Piensa en eso por un momento). Y hacer cosas buenas para las personas. Ayudar a la gente.

J: *¿Te dijo la chica cómo era el cielo?*

A: Colores brillantes. Y todo es precioso.

J: *¿Tiene edificios?*

A: Todo es espíritu. Lo que quieras, ahí está. Si quieres estar cerca del agua, habrá agua allí. Y si quieres estar en un bosque, estas donde quieres estar.

J: *¿Eso en el cielo?*

A: Eso es lo que ha dicho ella.

J: *Pero en este momento, cuando eres un espíritu y quieres, digamos, ver Nueva York, ¿te mueves y desplazas a Nueva York para verlo?*

A: Simplemente te dejas llevar. No tarda mucho. Pasan unos minutos y estoy allí.

J: *Continuarás flotando y me contarás qué cosas ves o sientes mientras te desplazas.*

A: Pues voy a volver otra vez. Para nacer de nuevo. Hablé con mi papá sobre ello.

J: *¿El sabía que te iban a llamar de vuelta?*

A: Me dijo que lo harían pronto. Todo el mundo es llamado de vuelta, muchas veces. Me dijo que trate de aprender todo lo que pueda. Dijo que esperara que fuera diferente porque sería distinto cada vez. Y de esta forma, aprendemos todo sobre la vida. Tenemos que ser todo. Tenemos que saber todo.

J: *¿Y tu papá te dijo que nacerías de nuevo muy pronto?*

A: Muy pronto. Se lo dije en cuanto lo supe y dijo que ya lo sabía porque me vigila. Dijo que algún día nos volveremos a ver, tal vez en la Tierra, tal vez no. Pero que no debo preocuparme, solo aprender. Me dijo que no tardaría mucho.... Voy a ser una niña pequeña... Y estaba asustada.

J: *¿Por qué estabas asustada?*

A: Por volver a nacer. El país está destrozado. (Pausa) Cuando nazca este bebé, seré ella.

J: ¿Estás viendo al bebé que va a nacer?
A: Sí. El bebé está dentro de su madre. Va a nacer muy pronto.
J: ¿Y cuándo entras... te conviertes en el bebé? No estás adentro ahora?
A: Todavía no. Sigo reteniéndome. ¡La voz me dice que vaya ahora! Y me pregunto, ¿no puedo esperar? Pero al primer aliento, tengo que ser el bebé.
J: ¿Cuando respira el bebé por primera vez?
A: Y le pregunto, ¿no puedo seguir buscando? ¿Puedo todavía buscar a Gerald? Y él me respondió, cuando me convierta en bebé, no recordaré el resto. Solo seré este bebé. Cuando vuelva a ser un espíritu, buscaré a Gerald de nuevo.
J: ¿Hay espíritus malignos por ahí?
A: No veo ninguno. ... A veces nos enojamos.
J: ¿Pero no tratas de lastimar a nadie?
A: Oh, no. Nos enojamos cuando se ríen.
J: ¿Cuándo quién se ríe?
A: Personas. No creen ... y tratamos de hablarles y advertirles. No escuchan.
J: Pero no pueden oírte, ¿o sí?
A: No, pero lo intentamos.
J: ¿Hay alguna forma en que se pueda hacer que la gente te escuche?
A: Si ellos escucharan; si pensaran y escucharan. Concentrándose mucho en nosotros. Si nos amaran y los amamos, podrían escucharnos.
J: ¿Y has oído algo sobre el infierno?
A: Es por eso que no quiero nacer de nuevo. Porque ahí es donde está.
J: ¿Quieres decir que nacer es el infierno?
A: Estar en la Tierra es el Infierno.
J: ¿Quién te ha dicho esto?
A: Los espíritus con los que he hablado. Porque sigues haciendo cosas y te haces daño y lastimas a otras personas. Haces cosas mezquinas cuando eres humano y los espíritus no hacen eso. Así es como tienes que aprender. Te duele ... y aprendes.
J: Este bebé que vas a ser: ¿está dentro de la madre ahora mismo?
A: No, ella ... ella está naciendo. Voy a ella.
J: ¿Ha tomado ya el bebé su primer aliento?
A: Sí.

Llegado este punto, Anita se volvió más apagada y no muy receptiva.

J: ¿Dónde está naciendo el bebé?
A: En esta casa. ... No puedo acordarme. ... No puedo pensar ... no puedo pensar (tardaba más tiempo responder)
J: ¿No sabes en qué ciudad está la casa?
A: (Muy lentamente) No ... lo ... sé.
J: ¿Sabes qué nombre le dieron al bebé?
A: No ... sé.
J: ¿Todavía no le han dado un nombre al bebé?
A: No.

Era obvio que Anita no respondía porque era el bebé. Así que la llevaron en esa vida a la edad de cinco años y era Carol en la granja y hablaba otra vez normal.

Al despertar, Anita relató un extraño incidente que había sucedido en su vida actual. Nunca podia explicarlo en términos convencionales, y ahora se preguntaba si podría haber estado relacionado con su vida como Jane.

Como dijimos, es una esposa de un marine, casada con un hombre de carrera en la marina. En los primeros días de su matrimonio, él recibió sus primeras órdenes. Los iban a trasladar a Florida, y decidieron que ella esperaría en la casa de sus padres en Missouri, mientras él buscaba un lugar para vivir. Sería la primera vez que se separarían. Estaban con sus padres y él debía irse por la mañana. Anita dijo que no podía dormir esa noche. Se perturbó mucho y caminó por el departamento toda la noche. Siguió pensando, "Si él se va, nunca le volveré a ver. Si él se va, nunca volverá". Entonces se regañaría a sí misma al pensar: "¡Qué tonta! ¿qué podría pasar? ¡No estamos en tiempos de guerra! Sólo va a ir a Florida". Ella se sintió miserable toda la noche porque no tenía ningún sentido. Llegado la mañana, ya había tomado una decisión. Iría con él en lugar de esperar.

Este incidente siempre la había desconcertado, hasta que vio el paralelo con Jane y Gerald y la Guerra Civil.

Así que habíamos llevado a Anita a dos vidas pasadas distintas, dos muertes y dos nacimientos, cada uno de los cuales era diferente. ¿Qué más podría estar en las profundidades insondables de su mente subconsciente? ¡Apenas podríamos esperar para la próxima sesión!

Mientras revisaba las bibliotecas tratando de encontrar información sobre Memphis durante la Guerra Civil y esperando que el nombre de Gerald se pudiera encontrar en alguna parte, encontré un libro muy informativo titulado Los Anales Militares de Tennessee, de John Berrien Lindsley. Fue publicado en 1886, sólo 20 años después del final de la guerra y contiene una gran cantidad de información, además de páginas y páginas de nombres y algunas fotos de los que murieron en la guerra, ordenados de acuerdo a sus regimientos. Según el autor, es el registro publicado más completo de los hombres de Tennessee que lucharon por la Confederación.

Citaré algunos datos del libro sobre Memphis al comienzo de la guerra. "En abril de 1861, los voluntarios se organizaron en anticipación a la secesión. Era la época del tiroteo en Fort Sumter (del 12 al 13 de abril de 1861) que oficialmente inició la guerra. Muchos otros estados ya se habían separado antes, pero Tennessee había votado no unirse a ellos. Luego, el 8 de junio de 1861, Tennessee también se separó. El 11 de junio, el Gobernador emitió su primera orden, notificando a los comandantes de la milicia para mantener a sus tropas preparadas y comenzar a entrenar. Llegado el 13 de Junio el General Pillow había establecido su cuartel general en Memphis y Memphis se convirtió en un gran centro militar. El 13 de julio, el comandante general Polk se convirtió en comandante del departamento 1 (en Memphis). En pocas semanas, las tropas estaban siendo reunidas y organizadas en regimientos y siendo enviadas a campamentos cerca de la ciudad y a Fort Pillow".

Sorprendentemente, esto nos lleva a la primera parte de agosto de 1861, que encaja perfectamente con lo que Jane relató. Según el libro, todo el verano se tomó con la formación de regimientos y el envío de los hombres a la guerra. Muchos regimientos estaban compuestos por hombres de una cierta área. Hubo varios de Memphis. En particular, el Quinto confederado estaba compuesto casi en su totalidad de irlandeses de Memphis. La 154ª Infantería de Tennessee y la 15ª Caballería de Tennessee también eran de Memphis. Muchos de los regimientos tuvieron una pérdida de vidas extremadamente grande. Algunos comenzaron con unos 1100 hombres y terminaron la guerra con tan solo 100. Aunque se dan muchos nombres en el libro, hubo notas a lo largo que muestran lo incompleto que estaba.

Se perdieron registros durante la guerra y algunos fueron destruidos por error. En algunos casos, el único registro era el diario de alguien. Una gran parte del libro y las listas se hacían a partir de la memoria y muchos comentarios muestran que falta mucho debido a errores humanos. Muchas veces, se hizo la declaración de que murieron tantas personas, que era imposible dar todos los nombres. Y este libro fue escrito solo 20 años después de la guerra.

Así que me decepcionó no encontrar ninguna mención de Gerald Allby, pero dadas las circunstancias, hubiera sido un milagro si hubiéramos encontrado algo. Aún así, la exactitud del conocimiento de Anita sobre la historia de este período de tiempo y la de June/Carol es absolutamente increíble.

La idea de tratar de obtener muestras de escritura a mano de Anita mientras ella yacía en un trance profundo fue puramente espontánea. Se le ocurrió a Johnny cuando la pequeña Carolyn estaba practicando escribir su nombre en el suelo. En un impulso, agarró un lápiz y papel. Luego le pidió que escribiera su nombre, ni siquiera sabiendo si ella podría hacerlo. Ella tuvo muchas dificultades para abrir los ojos y ambos nos sorprendimos cuando con cuidado y minuciosamente produjo los garabatos infantiles.

Más tarde, cuando Jane hablaba de asistir a la escuela de finalización en St. Louis, parecía natural pedirle de nuevo que escribiera su nombre. Cómo usaba un lápiz, la firma resultante era ligera sin demasiada presión sobre el papel. Si hubiéramos sabido en ese momento que algún día escribiríamos un libro sobre nuestro experimento, estaríamos preparados y con un bolígrafo a mano. Siempre se tiene una visión retrospectiva perfecta cuando se hace regresiones. Pero, como he dicho antes, durante una regresión nunca se sabe a qué período histórico o a qué país irá la persona. No habíamos pensado en obtener algo escrito a mano, principalmente porque en el pasado, pocas mujeres podían escribir. No eran consideradas dignas de educación. Sin nada que nos guiara, teníamos que adaptarnos a lo largo de todo el experimento, y así actuamos espontáneamente muchas veces.

Cuando el concepto de escribir este libro parecía que podría convertirse en realidad, jugué con la idea de incluir las muestras de escritura a mano. Pensé que eran tan ligeras (especialmente las de Jane), que nunca podrían reproducirse. Pero subestimé las nuevas técnicas de la máquina copiadora.

Cuando comparamos las dos muestras (la firma de Jane y la escritura normal de Anita), nos parecieron muy diferentes, pero en realidad, solo somos laicos. Me preguntaba qué pasaría si un analista de caligrafia profesional los viera. Estas personas son muy expertas en evaluar la personalidad, a veces asombrosos. Los analistas de caligrafía son reconocidos y tratados como los expertos que son. Es una ciencia exacta que requiere años de estudio y, por lo tanto, es muy respetada.

Siempre existía la posibilidad de que un profesional dijera que las muestras fueron escritas por la misma persona que intentaba disimular su letra. En realidad, esto era cierto; estas fueron y tampoco fueron escritas por la misma persona. Depende de cómo lo miraras. Era una situación compleja, y una que no creo que haya sido enfrentada por un hipnotista antes. No puedo recordar un caso en el que la escritura se haya obtenido de un sujeto regresivo y luego analizada por un experto objetivo. Fue una idea intrigante y pensamos que sería interesante correr el riesgo.

Pero, ¿dónde encontraría yo un analista? No quería a alguien que simplemente se entretuviera con la escritura como un hobby. Si nuestra historia tenía que tener credibilidad, entonces el análisis debía que ser hecho por un experto. Tal vez en una gran ciudad no parecía un problema encontrar uno. Pero en el área rural en la que vivimos ahora, es posible que también desearas encontrar un experto en ciencia nuclear. Entonces la idea permaneció latente hasta que este libro fue terminado en 1980.

Luego, por casualidad, me enteré de una mujer en Little Rock, Arkansas, que realizaba análisis de escritura a mano. Al verificar, descubrí que ella era realmente una experta. Se llama Sue Gleason y es graduada de la Sociedad Internacional de Grafofanálisis. Decidí contactarla. Descubrí que normalmente trabajaba a partir de algunas páginas de la escritura de los sujetos. ¿Podría ella obtener algo de nuestras pequeñas muestras? Lo único que teníamos eran las firmas y no había ninguna esperanza de obtener algo más. ¿Sería suficiente?

Le envié las tres muestras y le pedí que comparara la escritura y viera qué podía decirme acerca de las personas que las escribieron. No le conté nada sobre la fuente o el método por el que se obtuvieron. Sin conocer a la mujer, temía que ella pensara que estábamos locos. También pensé que sería mejor si ella pudiera darme sus primeras impresiones, imparcialmente.

Esto es lo que encontró:

La escritura de Carolyn Lambert es el tipo de escritura más difícil de analizar. La falta de forma y continuidad de las letras y la forma en que se producen, muestran una falta de madurez en la personalidad. Esto llevaría a suponer que fue escrito por una persona más joven. Aunque muchos adultos también escriben, esta muestra sugiere una personalidad menos madura. Es difícil de analizar porque el carácter no se forma hasta que el individuo sea mayor.

Por lo tanto, parecería que ella no nos podría decir mucho sobre Carolyn, pero es significativo que no creyera que la muestra provenía de un adulto. Carolyn era de hecho una persona más joven, habiendo sido regresada a la edad en que tan solo tenía nueve años.

Señora Jane Rockford Este es un anticuado estilo de escritura, especialmente el uso de la palabra "Señora". Hay mucha extravagancia. La estructura de las letras y los florecimientos son una reversión definitiva al pasado. Esta es una persona de tipo artístico, pero vistosa. Hay mucho ego, tal vez no egoísta, pero definitivamente egotista, una introvertida. Una persona decente y egocéntrica. Esta es alguien con muchos recuerdos del pasado, aferrándose a la tradición y al pasado. Probablemente se crió muy estrictamente y es poco probable que se rebele de su lugar en la sociedad. Las mayúsculas en un nombre dicen quién eres, y sus mayúsculas son más grandes que el cuerpo de la firma, especialmente en el apellido. Esto indicaría que ella está muy consciente de "Quién es ella". El apellido y su lugar en la tradición familiar es muy importante para ella. Su estado personal y público está muy enfatizado. Sus propios sentimientos personales son secundarios a su imagen pública. Hay una tendencia a retratar una fuerte autoimagen definida.

La tradición es muy importante en su vida, tanto que sobredimensiona cualquier sentimiento personal. Por lo tanto, ella pone una barrera, no permitiendo que la gente vea su lado real.

¡La señora Gleason hizo hincapié en la posición de la familia de Jane tanto que la hizo sonar como un poco esnobista!

La escritura actual de Anita se obtuvo del sobre de una carta escrita a mí. Debido a su deseo de anonimato, esta muestra no aparecerá en este libro.

Es una persona muy simpática. Extrovertida y sensible a los sentimientos de otras personas. Se preocupa por los demás. Es directa, se expresa con facilidad, es extrovertida. Tiene una mente abierta y un deseo de conocer y comprender los aspectos más profundos de la vida. Tiene un gran sentido del humor, al ver el lado luminoso de la vida.

Más tarde, cuando le conté a Sue Gleason sobre la fuente de las firmas y el método por la cual se obtuvieron, me sentí muy aliviada de que no pensara que estábamos locos. Es sorprendente cuán estrechamente su análisis fue paralelo a lo que ya sabíamos sobre Jane, criada por una familia muy decente en el "Viejo Sur". Cuando le conté a Sue sobre Jane y su educación en la escuela de finalización, ella dijo que eso explicaría una parte. Los estudiantes que asistían a este tipo de escuela generalmente provenían de familias adineradas, y las escuelas les enseñaban a los estudiantes a proyectar una autoimagen muy positiva. Se hacía gran hincapié en la autopresentación. Esto naturalmente se reflejaría en la escritura. A los estudiantes también se les enseñaba a escribir con mucho cuidado y exactitud, con énfasis en las letras mayúsculas. Como dijo Jane, "Práctica y práctica para escribir claramente". La Sra. Gleason dijo que a día de hoy hay mucha gente que escribe en este estilo, especialmente algunos de la generación anterior. Estas personas tienen un apego definitivo al pasado y la tradición que se muestra en la escritura de Jane.

La Sra. Gleason se sorprendió cuando le dijeron que todas las muestras habían sido escritas por la misma persona. Ella dijo que no nunca lo hubiese sospechado. Si se le hubiera preguntado si la misma persona podría haber escrito las tres muestras, dijo que habría tenido que responder que era muy poco probable. La escritura de Jane y Anita eran, en su opinión, la escritura de dos personas diferentes, dos personalidades distintas. De hecho, las personalidades eran tan diferentes que eran opuestas. ¡Una era introvertida y la otra una extrovertida!

Estas personalidades siempre han sido reales para nosotros, pero ahora teníamos algo para hacerlas aún más concretas. Bajo la hipnosis, no solo cambiaba la personalidad de Anita, su voz, expresiones y gestos, sino también su letra se convirtía en la de otra persona totalmente diferente.

Es realmente increíble que un experto imparcial pueda encajar tan estrechamente las personalidades como las vimos. Creo que las probabilidades deben ser asombrosas de que esto pueda haber sucedido por pura casualidad.

Capítulo 7

Sarah en Boston

Cuando apareció nuestra tercera personalidad, caímos en una especie de patrón. Habíamos comenzado a aceptar lo inusual como algo común, como si tal cosa fuera posible. Pensamos que sabíamos qué esperar, ya que pasó por varias etapas de su vida como Jane y June / Carol; y luego se deslizó en los períodos entre vidas, el fascinante plano espiritual. Pero aún tenía muchas más sorpresas que arrojarnos.

Empezamos a sentir que estábamos haciendo un viaje en una máquina del tiempo. Fue un método emocionante para aprender sobre la historia. Justo cuando estábamos empezando a sentirnos cómodos hablando con personas del pasado, surgió el siguiente personaje y lo que ella relató fue alucinante!

Durante esta sesión, decidimos llevarla de vuelta a través de sus diversas vidas, para ver cuántas había vivido y para ver qué tan lejos en el pasado llegaría. Podríamos explorarlos completamente más tarde. Finalmente obtuvimos más de lo que esperábamos. Todo comenzó inocentemente. Johnny la estaba regresando en saltos de 20 y 30 años. Acabábamos de pasar por otro tiempo como un espíritu, que se relatará más tarde. Luego encontramos otra sorpresa cuando se detuvo en el año 1770 y preguntó: "¿Qué estás haciendo?"

A: Batiendo. (Sing-song) Mantequilla, suero de leche.
J: *¿Te gusta el suero de leche?*
A: Francamente, no puedo soportarlo. La familia ama la mantequilla fresca, así que la preparo para ellos.
J: *¿Cuál es tu nombre?*
A: Sarah ... Sarah Breadwell. (Fonético)
J: *¿Cuántos años tienes, Sarah?*
A: Alrededor de 60 ahora.
J: *¿Estás casada?*
A: ¡Por supuesto! Desde que era una niña. Desde que tenía 14 años.

J: ¿Dónde estás viviendo, Sarah?
A: Estamos viviendo aquí en nuestro propio lugar. Construido por nosotros mismos.
J: Apuesto a que fue un trabajo duro.
A: Recuerdo haber trabajado muy duro en esta casa. Ahora tiene su propio suelo, sin suciedad. Mucho mejor, fue terriblemente difícil cuando los niños eran muy pequeños para tener un suelo de tierra.
J: ¿Cuántos hijos tienes?
A: Bueno, di a luz a diez, pero solo crie a dos.
J: ¿Estás viviendo en una ciudad?
A: No, estamos aquí en la granja. La gran ciudad más cercana está cerca de Boston. No hay que ir allí.
J: ¿Qué tan lejos de Boston es tu lugar?
A: Dos días, señor. Dos días enteros.
J: ¿Y cómo llamas a esta tierra donde vives?
A: Nueva Inglaterra. Nuevo país, la gente lo llama distinto. A algunas personas no les gusta llamarlo Nueva Inglaterra. Dicen que hemos venido para ser diferentes, que no queremos ser Inglaterra.
J: ¿Cuándo viniste aquí, Sarah?
A: Vine aquí hace unos años ... más que unos pocos. Vine aquí cuando era una niña pequeña. Yo nací en Inglaterra.
J: ¿Has venido con tu madre y tu padre?
A: Sí, lo hice, ¡un largo viaje! Tomó cerca de cien días.
J: ¿Cuál era el nombre del barco?
A: Oh, déjame ver... ha pasado mucho tiempo, y... hay muchas cosas en qué pensar. Era el barco del Rey!
J: ¿Tuviste algún problema con el viaje?
A: No, solo una tormenta. Nos pilló tiempo tormentoso.
J: ¿Te mareaste?
A: Soy la única que no lo hizo. Mi madre dice que Dios protege a los niños.
J: Uh-huh. Ahora veamos, este es el año 1770, y estás batiendo suero de leche...
A: (Interrumpido) No estoy batiendo para obtener suero de leche, tonto. ¡Estoy batiendo para conseguir mantequilla!
J: (Pensando en cuándo comenzó la Revolución Americana.) De acuerdo, Sarah, voy a contar hasta tres, y será el año 1777. Seguiremos adelante. Uno, dos, tres ... es 1777. ¿Qué estás haciendo hoy, Sarah?

A: Balanceandome y cosiendo, cosiendo y balanceandome. Arreglando calcetines.
J: ¿Qué clase de día es?
A: Hermosa puesta de sol... otoño fresco.
J: ¿Y qué está pasando por todo el país?
A: Oh, hay pelea, y cosas volando. Primero, un bando, luego el otro está por delante Es difícil de decir quién ganará.
J: ¿Quién está peleando?
A: Estamos luchando contra Inglaterra, y nos desharemos de ellos de una vez por todas. ¡No vamos a ser Nueva Inglaterra!
J: ¿Qué vas a ser?
A: ¡Vamos a ser libres! ¡Hacer nuestras propias leyes y reglas y gobierno! Esa es la forma en que la gente debería vivir, vivir libre. Igual que las leyes en la naturaleza... viven en libertad!
J: ¿Y tu marido está peleando?
A: Ho-ho, no; él tiene casi mi edad, pero más viejo. No está aquí ahora. Él es médico y hace lo que puede para ayudar. Hablo con él con bastante frecuencia.
J: ¿Es un doctor?
A: Él es un doctor.
J: ¿Por qué vives en la granja si él es un doctor?
A: No nos gusta vivir en la ciudad. Nos gusta aquí. Hay una pequeña comunidad alrededor, y donde sea que haya gente enferma, necesitas un doctor. Él cultiva, y vivimos felices.
J: Eso esta bien. Ahora voy a contar hasta tres y será el año 1740. (Decidió ir hacia atrás.) ¿Qué estás haciendo hoy, Sarah?
A: Limpiar y hacer mi trabajo y ... ser una buena dama, se podría decir.
J: ¿Qué clase de día es?
A: Es invierno; Frío afuera.
J: ¿Tienes fuego para mantener la casa caliente?
A: Sí. La familia se queda dentro. Es genial.
J: ¿Cómo de grande es tu casa?
A: Bueno, tengo seis habitaciones. Es una casa de buen tamaño.
J: (Revisando lo que ella dijo antes). ¿Tu y tu esposo construyeron todas las habitaciones ustedes mismos?
A: Una a la vez. Comencé con una habitación, seguí agregando y agregando. Tomó mucho tiempo obtener cualquier cosa. Trabajo duro.

J: Es lento, pero una vez que lo tienes, se queda.
A: Es nuestro
J: Todo tuyo. (Una vez más, Johnny verificó las declaraciones anteriores). ¿Qué hace su esposo, Sarah?
A: Es médico, granjero, y como él dice "Un multiusos". Se mudó aquí para alejarse de la vida de la ciudad. Yo estaba viviendo en una granja con mis padres.
J: ¿Tenían una granja cerca donde vives ahora?
A: Bastante cerca. Nosotros éramos vecinos. Pero por supuesto, ahora se han ido.
J: Y este es el año 1740. ¿Qué mes es esto?
A: Estamos en Diciembre.
J: ¿Qué tipo de fuego tienes para mantener la casa caliente?
A: Tengo troncos en el fuego.
J: ¿Están en la chimenea?
A: (Irritada) ¡Por supuesto!
J: Bueno, pensé que tal vez tenías una de esas estufas.
A: No, tenemos 3 chimeneas en nuestra casa.
J: ¿Mantienen la casa bien cálida?
A: Sí, tenemos una pequeña corriente de aire, pero es normal esta clase de cosas. Las estufas son agradables, y tal vez las obtengamos algún día. Pero primero viene el edificio.
J: ¿Cuántos años tienes ahora, Sarah?
A: Veintinueve.
J: (Comprobando nuevamente) ¿Cuánto tiempo llevas casada?
A: Desde que tenía 14 años.
J: ¿Cuántos hijos tienes?
A: Tengo uno ahora. Un niño. Tiene 12 años. Tendré otro muy pronto.
J: ¿Va a ir a la escuela?
A: Insisto en la escuela. Quiero que sea listo como su papá.
J: ¿Cuál es el primer nombre de su marido?
A: Bruce.
J: ¿Cómo dijiste que era tu apellido?
A: Breadwell. Él también es inglés, pero nació aquí.
J: Entonces, ¿su gente vino antes que tu gente?
A: (sarcásticamente) Deberían.

En este punto, Johnny contó a Sarah de vuelta a 1720.

J: ¿Qué estás haciendo ahora?
A: Escribir. Practicando 'mi escritura'. Es muy difícil para mí aprender.
J: Requiere mucha práctica.
A: Nunca puedo dejarlo hecho como en el ejemplo.
J: (Pausa) ¿Qué clase de día es fuera?
A: Déjame ir a la ventana y ver. ... La niebla está viniendo.
J: ¿Dónde estás viviendo?
A: Con mi mamá y papá. Mamá está aquí en la casa conmigo. Está en la cocina, preparándose para la cena.
J: ¿Y el nombre de esta ciudad en la que vives?
A: Se llama Bostonia. Tenía un nombre diferente cuando llegamos aquí, y lo cambiaron. Alguna vez se llamó el cruce en Post Road. Y pronto lo cambiarán de nuevo, dijo papá. Mi padre está en el campo.
J: ¿Está tu casa en la ciudad, o estás fuera de la ciudad?
A: Vive cerca de la ciudad, ten terrenos alrededor y más afuera. No vivas en la totalidad de la tierra.
J: ¿Tienes que viajar para llegar a alguna de tus otras tierras?
A: Él monta a caballo.
J ¿Cuántos años tienes, Sarah?
A: Diez.

Nota: Esto se verifica con referencias anteriores a sus edades en los otros años. Parece ser que la voz y la dicción de Sarah coincidían con cada edad con sorprendente naturalidad.

J: ¡Diez años! ¡Te estás volviendo una niña grande!
A: Soy pequeña para mi edad. ¿Por qué dices "grande"?
J: Bueno, diez años, y aquí estás aprendiendo a escribir ...
A: (Riéndose) ¡Todos pueden escribir!
J: Oh, pero se necesita mucha práctica.
A: Eso es verdad, eso es verdad.
J: ¿Hay algún indio por aquí?
A: Algunos, algunos. Se quedan en el bosque. Si no los molestamos, no nos molestarán, dijo mi papá.
J: ¿Entonces nunca hablaste con ninguno, o intentaste hacer amigos?
A: Los he visto. No puedo hablar su idioma. Suena como ... (Emitía gruñidos). No puedo pronunciar nada de lo que dicen. Hablan el

lenguaje de señas a veces. Si vienen a la puerta, mi madre les da comida. Lo único que escuché decir en el idioma que conozco es "buena mujer ... amable señora". Llaman a mi madre buenos nombres. Mamá dice que la razón es porque ella ayudó a alguien que estaba enfermo. Él vino y no teníamos medicina. Pero ella le dio té de zarzaparrilla. Ayudó a la fiebre. Volvieron y trajeron pieles, y se sentaron junto a nuestra puerta, para la Buena Mujer.

J: *Eso está bien de su parte.*

A: Mi papá dice que siempre sea amigable, que no muestre miedo. Ellos odian el miedo.

J: *¿Alguna vez has visto dónde viven los indios?*

A: ¡Oh, no! Ellos viven en el bosque. Estaría asustada. Nunca iría tan lejos de casa. Se sabe que raptan niños. Han hecho eso; hemos oído hablar de ello. Mi papá dice, somos amigos con ellos siempre que ellos quieran ser amigos, pero siempre debes estar alerta. Ellos pueden cambiar

J: *Ya veo. ¿Cuánto tiempo has estado viviendo aquí?*

A: Llevamos aquí dos años. ¡El tiempo va tan rápido! Las cosas siempre cambian. Mamá ya nunca llora por la casa. Las cosas que trajimos son nuestras, las guardaremos. Haremos nuestro hogar aquí. No volveremos.

J: *¿Por qué algunas de las personas están hablando de regresar?*

A: A algunos les gustaría. Somos gente orgullosa, nos quedaremos. Si los tiempos son difíciles, aprieta el cinturón y trabaja más duro, dice papá.

J: *Bueno, eso suena bien. Voy a contar hasta tres, Sarah, y será el año 1707 ... ¿Qué estás haciendo?*

A: Nada.

J: *¿Nada? ¿Dónde estás?*

A: No estoy segura.

J: *¿Qué puedes ver?*

A: Veo cosas extrañas ... cosas nuevas que están teniendo lugar ... que la mente nunca antes había sabido ... Estas cosas sucederán.

J: *¿Qué cosas?*

A: ¡Un nuevo país en el que vivir, crecer! Nuevas ideas ... las personas cambiarán y no tendrán miedo de lo que no saben. Cosas que no puedes soportar, te irás.

Ella era obviamente un espíritu, pero esto parecía vago y confuso. ¿Estaba viendo a los primeros colonos llegar al nuevo país, a América? Johnny la movió rápidamente hacia el año 1715, cuando debería haber estado viva y tener cinco años como Sarah.

J: *Es 1715. ¿Qué estás haciendo?*
A: Viendo cosas.
J: *¿Qué estás mirando?*
A: Familias. Familias preparándose.
J: *¿Cuántos años tienes?*
A: No tengo edad. ¡Voy a hacer algo extraño!
J: *¿Qué vas a hacer?*
A: Entraré en un cuerpo que vive ahora.
J: *(Asombrado) Vas a ... ¿QUÉ?*
A: A entrar a un cuerpo que vive ahora. El espíritu está enfermo y debe descansar, pero la niña debe vivir.

Anita tenía una voz completamente diferente, serena y tranquila.

Johnny se quedó sin palabras por un momento. Luego preguntó: "¿Qué edad tiene esta niña?"

A: Es muy joven ... Estoy mirando ... Puedo verlos ... Seré una niña ahora. Seré una niña pequeña.
J: *¿Alguien te dijo que hicieras esto?*
A: Siempre, seguimos lo que sentimos. La voz nos lo dice.
J: *¿Oyes esta voz o solo la sientes?*
A: Los espíritus no tienen oídos. Escuchamos sintiendo. Vemos sintiendo.

Johnny estaba tratando de aceptar este extraño desarrollo.

J: *Y la niña ... ¿está enferma la niña cuando te metes en ella?*
A: El cuerpo está enfermo. Pero más importante, el espíritu ... el espíritu debe descansar ahora.
J: *Oh. ¿Ese espíritu abandona el cuerpo y entonces entras?*
A: El espíritu se irá y yo entraré, y ... la niña estará mejor inmediatamente. La fiebre parará ... y no notarán ningún cambio ... porque yo seré la niña. Me callaré y aprenderé cómo es la niña.

Nadie notará un gran cambio. Solo que después de su fiebre, estaré callada por un momento, como descansando.

J: ¿Y de esta manera, el otro espíritu ahora puede tener la oportunidad de descansar?

A: Debe volver a descansar. Aún no estaba listo cuando fue llamado. Ocasionalmente, esto sucede y puede ser rectificado muy fácilmente.

J: Sí. ¿Y cuál es el nombre de la niña?

A: El nombre de la niña es Sarah.

J: Sarah. ¿Y cuantos años tiene ella?

A: Creo que entre cinco y diez años. Es difícil de decir hasta que me acerque. Pronto estaré allí.

En este momento, Johnny decidió avanzar tres años con la esperanza de obtener una imagen más clara de esta extraña situación.

J: Ahora es el año 1718. ¿Qué estás haciendo?

A: Ayudando a mi madre.

J: ¿Qué clase de día es?

A: Es un día soleado.

J: Agradable y soleado. ¿Cuál es tu nombre?

A: Mi nombre es Sarah.

J: ¿Cuántos años tienes, Sarah?

A: Tengo siete años. Pronto tendré ocho.

J: ¿Dónde estás viviendo?

A: Yo ... No estoy viviendo con mi familia adecuada, ahora. Me quedaré aquí hasta que nos vayamos. Con estas personas. Ellos van, también. Es confuso.

J: Te estás quedando con ... ¿quién ... algunos amigos?

A: Sí, nos iremos juntos ... para mudarnos al campo.

J: Oh. ¿Entonces estás viviendo en la ciudad ahora?

A: En una ciudad.

J: ¿Y te vas a mudar a la granja?

A: Probablemente sea una granja.

J: ¿Y has estado en el bote?

A: Sí. Sí.

J: ¿Cómo llamas a este lugar, lo sabes?

A: Nueva ... Nueva Inglaterra.

J: Oh, ¿acabas de llegar aquí?

A: No mucho.

J: *Y te estás quedando con amigos. ¿Tus padres están construyendo una casa para que vivas?*

A: No, me dijeron ... que debía comportarme. Regresarán pronto por mi. Estoy nerviosa, dicen. No es bueno para mí salir de la casa con demasiada frecuencia ... hasta ser más propiamente yo misma.

J: *¿Has estado enferma?*

A: Sí, hace un tiempo, muy enferma. Me recuperé bien. Ahora estoy sana... mi mente vagabundea. Y les digo cosas que ellos no creen.

J: *¿Qué les dices que no creen?*

A: Les digo cosas que veo. Cosas que sucederán en el futuro. Pero dicen que no puedo ver estas cosas. Mi madre dice: "¡Silencio! ¡Es peligroso hablar así!"

J: *Oh ... bueno, yo creo en estas cosas. ¿Qué viste qué sucedería pronto?*

A: Mientras cabalgábamos a la ciudad, miré, y de repente era una ciudad de ... gran tamaño. ¡Mis ojos no podían creer el tamaño! La ciudad estaba a nuestro alrededor, y los edificios eran diferentes a los de ahora. Y la gente vestida diferente en las calles. Las calles estaban pavimentadas, no adoquinadas. Suaves.

J: *¿Podrías decir cuándo todo esto iba a pasar?*

A: Solo que sería en un futuro, muy lejos porque ocurrieron muchos cambios. Y el pueblo, cuando lo vi, mi madre me frotó la frente y me dijo: "Pobre niña, nunca ha sido la misma desde la fiebre". Y ella lloró.

J: *¿Pero viste esta realmente gran ciudad?*

A: Enorme, tremenda.

J: *¿Mucha gente? ¿Cómo se vistió la gente, Sarah?*

A: Tal vez si no se lo hubiera dicho, ella me habría creído. Ella no podía creerme.

J: *¡Dime!*

A: ¿Me creerás?

J: *Te creeré.*

A: Bueno, los vestidos que usan las mujeres no tocan el suelo ... llegan cerca de las rodillas, pero no del todo, tal vez en el medio. Y usan medias transparentes, se puede ver a través ... y tacones que son demasiado altos para caminar. Deben ser personas muy inteligentes para caminar así. Los hombres usan sombreros extraños, y sus pantalones son más apretados, y sin embargo, se ajustan sin problemas.

J: *¿Has visto otras cosas en el futuro?*

A: Oh, he visto otras cosas, pero mi madre me dice que nada coincide, y se preocupa por mí. Me dice que mi mente está alterada.

J: *No, no creo que tu mente esté alterada. Creo que estás viendo lo que va a suceder.*

A: ¿Crees que sucederá así?

J: *Creo que lo hará. Y me gustaría que me cuentes algunas de las otras cosas que has visto.*

A: Bueno, miré a mi madre una vez, y vi enfermedad a su alrededor. Se lo dije, y ella se rió. Pero dos días después, perdió al bebé que llevaba. Estaba muy enferma.

J: *¿No te creyó después de eso?*

A: No, no, ella dijo que era solo una niña y que no podía fiarse de lo que dije. Podría haber sido. Hubiera dicho algo. Yo, muchas veces, he dicho cosas pequeñas que veo. Ahora sé que no les digo grandes cosas que veo. Pensarían que estoy demasiada alterada.

J: *¿Qué otras cosas importantes has visto?*

A: Miré el muelle y les dije que los barcos estarían hechos con el material con el que fabricamos los cañones de nuestras armas. Serían barcos grandes y enormes y cruzarían el océano en pocos días. Todos alrededor se rieron. "Pobre niña", dijo mi madre, "tenía fiebre, fiebre cerebral". Soy una curiosidad para las mujeres.

J: *Creo que deberían escucharte.*

A: Podría decirles muchas cosas solo mirándolos. Cuando veo a una persona, veo el bien y el mal a su alrededor y, a veces, puedo decir lo que le sucederá. Los miro y cambian, y se ven como creo que se verán en los años siguientes. Una vez, vi a un hombre, él ... desapareció ante mis ojos, y supe que pronto sería un espíritu.

J: *Y dices que miras a la gente y puedes ver el bien y el mal a su alrededor. ¿Cómo se ve el mal?*

A: El mal aparece como color negro. Es una sombra. A veces ves a una persona y están parcialmente cubiertos, como si estuvieran de pie en una nube, o parcialmente en la niebla. Y sabes que esta persona ha hecho cosas malvadas, o lo hará, o que algo malo sucederá. Si los miras y piensas, puedes decir de qué se trata. Los miro con fuerza y cierro los ojos, y puedo decir si algo malo va a suceder. Puede tener una enfermedad ... incluso en el pasado. A veces veo si en el pasado han hecho cosas muy malas.

J: *¿Y cómo se ve el bien?*
A: Brilla, como si una persona estuviera de pie bajo la brillante luz del sol. Una hermosa mirada.

J: *¿Hay diferentes colores?*
A: Muchos colores. Tantos colores como el arcoiris y más. Hermosa vista.

J: *¿Sabes si los diferentes colores tienen diferentes significados?*
A: A veces, los veo como que significan cosas diferentes. A veces puedo decir exactamente lo que será. Otras veces, tengo dudas, curiosidad. Pero puedo mirar y ver.

J: *Bueno, tu madre y esas otras damas deberían escucharte. Ellos podrían aprender algo.*
A: Todos rezan por mí. Rezan para que pronto pierda el hechizo en mi mente.

J: *Bien, Sarah, ¿y este es el año 1718?*
A: Este es el año 1718.

J: *Voy a contar hasta tres, y volveremos al año 1700.*

Cuando regresó a ese año, volvió a ser un espíritu. Estos episodios se informarán en un capítulo separado. En una sesión posterior, Johnny tocó brevemente en la década de 1770 nuevamente. Esta técnica se usó varias veces, más o menos para verificar inconsistencias. Pero cada personalidad siempre llegó claramente. Anita cambiaba instantáneamente de una a otra como si no hubiera habido interrupción, incluso después de varias semanas. La siguiente parte fue de la década de 1770 cuando se le preguntó: "¿Qué estás haciendo?"

A: Bueno ... ¡Estaba dormida!
J: *¿Te acabas de despertar?*
A: Debo de haberlo hecho... Me siento rara... solo desperté ... Va a ser un bonito dia.

J: *¿Ha salido ya el sol?*
A: Sí, el sol está allí. Es bonito ... Me gustan las mañanas.

J: *¿En qué época del año?*
A: Es primavera. Va a ser un día agradable y claro. Siempre pongo mi cama hacia el oeste para poder mirar por la ventana este.

J: ¿Cuál es tu nombre?
A: Mi nombre es Sarah.
J: ¿Cuál es tu apellido, Sarah?
A: Breadwell. Sarah Breadwell.
J: ¿Y cuántos años tienes, Sarah?
A: Oh, estoy llegando allí, llegando allí ... enferma.
J: ¿Estás casada, Sarah?
A: Sí, casada.
J: ¿Dónde está tu esposo?
A: Bueno, él no regresó anoche. Salió a doctorear.
J: ¿Alguien estaba enfermo?
A: Teniendo un bebé. Pasandolo mal. La partera vino detrás de él. Supongo que pasó la noche ahí. No le gusta regresar en la oscuridad. Sus ojos no son como solían ser.
J: Y, por supuesto, el caballo podría tropezar y caerse.
A: Bueno, eso es verdad. Por supuesto, conoce las carreteras muy bien, y el caballo ya lo sabe.
J: ¿Cuánto tiempo hace que tu esposo se fue?
A: Oh, se fue anoche sobre las... oh, antes de anochecer. Sentados allí en el porche hablando y se acercaron y preguntaron por él. Él siempre va, rara vez se le paga con dinero en efectivo. Pero a él le gusta ayudar a la gente. A veces le dan maíz, o lo que sea que tengan. Esta joven, conocíamos a su familia y sé que él siente pena por ella.
J: ¿Qué vas a hacer hoy?
A: Creo que me voy a descansar por un tiempo hoy. Muy pronto debería ser capaz de levantarme y moverme mejor. La cadera no puede mantenerse para siempre.
J: ¿Te hiciste daño en la cadera?
A: Bueno, me caí, ya sabes, allá en la bodega. Se rompió la maldita cosa. Ha pasado un largo tiempo curandose. Tengo que acostarme en la cama. Me vuelve loca, acostarme tanto tiempo.
J: Sí, esa es la parte más difícil de estar enferma, estar tumbada en la cama.
A: Después de que deje de doler y molestar tanto, quiero levantarme. Pero cuando te mueves, duele. Tengo miedo de que se quede duro ahora. Quiero levantarme y empezar a moverme más, y no dejar que se ponga rígido.
J: Claro. ¿Tienes hijos, Sarah?

A: Tengo dos.
J: *¿Dónde están?*
A: Oh, están por ahi. Ya sabes, están casados, y no se quedan aquí todo el tiempo.
J: *¿Viven muy lejos?*
A: No, no muy lejos.
J: *¿Cómo se llama la ciudad, Sarah?*
A: Creo que lo llaman Bostonia. Eso es lo que quieren llamar, creo.
J: *¿Cómo lo llamaste la primera vez que viniste aquí?*
A: Bueno, cuando llegamos aquí no lo llamábamos así. Al principio, era como un cruce en Post Road. Corren desde ese camino ... Creo que dicen que llega hasta Nueva York, donde viven los holandeses.
J: *¿Holandeses?*
A: Sí, alemanes, holandeses, viviendo allí en Nueva York. Y van por esta carretera, mucho tráfico y todo. Por qué, a veces miro el camino y veo cuatro o cinco extraños en un día. Las cosas están creciendo. La llevarán a Filadelfia. Esta carretera comenzará en Filadelfia y subirá por Nueva York y hasta aquí. Supongo que estamos en el extremo de la misma. Nunca supe que iría más al norte. Creo que va a pasar por aquí.

Cuando traté de verificar algunos de estos hechos, una vez más me topé con problemas. Escribí a varias sociedades históricas en Boston, y recibí esencialmente la misma respuesta de cada uno. Reciben demasiadas solicitudes de información; por lo tanto, no pueden responder por correo. Sus registros están disponibles para investigación solo para genealogistas profesionales, quienes, por supuesto, deben ser pagados. Una sociedad mencionó que el término "Bostonia" se acercaría a la ortografía latina de la palabra "Boston", y que existió, durante años, una carretera principal que conduce al oeste conocida como Boston Post Road.

Algunos datos provienen de un lugar sorprendente: uno de nuestros libros de historia para niños. Cita de la historia de nuestros Estados Unidos, Capítulo 12, "Solución de problemas de transporte". "Los senderos se convierten en caminos. En los primeros días de la colonia, el bosque parecía interminable. Una persona que viajaba por tierra caminaba por los senderos indígenas. Poco a poco, los hombres limpiaban algunos de estos senderos o cortaban otros nuevos, lo suficientemente anchos para que los cabalgaran. Al final del período colonial, algunos de estos senderos se habían hecho lo suficientemente anchos como para una carreta de bueyes o un vagón. Cuando un viajero llegaba a un arroyo, debía encontrar un lugar donde el agua era lo suficientemente poco profunda como para vadear. Cerca de las ciudades, un sujeto emprendedor a veces operaba un ferry. Cerca de las ciudades, también se construían caminos.

"Así, en 1760, el largo camino por el que las diligencias y los carruajes privados podían viajar de una colonia a otra era el que conectaba Boston, Nueva York y Filadelfia. En el verano, se podía ir en diligencia desde Boston a Nueva York en una semana más o menos, y llegar a Filadelfia tres días después. Un viaje de invierno tomaría más tiempo.

"Si quisieras viajar hacia el sur desde Filadelfia en 1760, tomarías un barco costero hacia Savannah o Charleston. Si recorrieras el campo, montarías a caballo, ya que en algunos puntos, la "carretera" costera era intransitable ".

Por lo tanto, parece que la mejor información puede provenir de las fuentes más improbables.

La sesión continuó cuando Johnny llevó a Sarah al año 1790 y le preguntó: "¿Qué ves?"

A: Una familia.
J: ¿Qué estás haciendo?
A: (Su voz es un susurro) Estoy acostada en la cama.
J: ¿Estás enferma?
A: Muy enferma.

Parece que Sarah murió a la madura edad de 80 años, que era bastante vieja para esa epoca.

La extraña ocurrencia de su entrada en esta vida y la capacidad psíquica resultante aparentemente se desvanecieron después de unos años; obviamente no fue estimulado. En años posteriores, su vida parecía ser bastante normal.

¿Podría ser que Sarah tuviera tales habilidades psíquicas porque no tuvo un nacimiento normal, sino que entro al cuerpo de la niña recién salida del mundo de los espíritus? Parecía que un nacimiento normal opaca y suprime el recuerdo de la vida pasada y del mundo de los espíritus. A medida que el foco de la niña en desarrollo es aprender a manejar el cuerpo, caminar, hablar, etc., los recuerdos se desvanecen aún más, y en la mayoría de los casos nunca regresan, excepto tal vez bajo hipnosis. Este caso muestra una excepción a la regla. Parecía que el mundo de los espíritus y nuestra vida física es mucho más complicado de lo que podemos imaginar.

Fue varios años después (en la década de 1970) cuando Ruth Montgomery inventó el término "walk-in" para describir una incidencia cómo la relatada, en su libro Strangers Among Us. Este término se aplica a una ocasión en que dos almas intercambian lugares por cualquier cantidad de razones. Pero en el momento de nuestro experimento, tal idea era totalmente desconocida y todo el concepto nos sorprendió. Los Walk-ins (junto con su concepto correspondiente de "Imaging") se discuten más detalladamente en mi libro Between Death and Life.

Chapter 8

Mary en Inglaterra

Hasta este momento, Anita había sido notablemente consecuente con sus fechas y épocas durante todas las vidas de June / Carol, Jane y Sarah. Pero durante el relato de sus otras vidas comenzó confundir el elemento tiempo. Solo pudimos estimar, por las cosas que dijo, la época de la que estaba hablando.

Cuando apareció la cuarta personalidad, por lo visto habíamos cruzado el océano, y ahora estábamos en Inglaterra. Llegó al lugar como una anciana hablando en un exquisito acento irlandés. Establecimos que su nombre era Mary y vivía cerca de la frontera escocesa. Pero, nuevamente, en aras de la claridad, sería mejor si comenzáramos en el registro más antiguo que tenemos de su vida.

Johnny la había regresado a unos diez años de edad. Inmediatamente, su voz y dicción se hicieron infantiles.

J: *¿Qué estás haciendo, Mary?*
A: Estoy viajando en el carruaje ... mirando a mis patrones... y preguntándome dónde estaremos. Es un largo viaje.
J: *¿A dónde vas?*
A: Es la ciudad de ... la ciudad de ... ¡Papá! Papá, me dijiste la ciudad, pero me olvidé. (Pausa, como si escuchara) ¿Sí? Papá me dijo que es Loch. Viviremos allí. Nuestras cosas fueron llevadas en el vagón, y ahora venimos nosotros.
J: *¿Dónde has estado viviendo?*
A: Vivíamos en un pequeño pueblo cerca de la costa. ¡Casi no había nadie más que nosotros!
J: *¿Estaba muy lejos de Loch?*
A: Ah, no. Tal vez si tomas el camino largo. Siempre le pregunto a mi papá, ¿podemos ir por el camino largo? Pero si vas allí directamente en el carruaje, estarás allí dentro de dos horas.

J: ¿Cómo se llamaba la otra ciudad?
A: Crew.

Sabía que Loch significa en escocés lago. Miré mapas tratando de encontrar alguna mención de un pueblo llamado Crew. Todo lo que pudimos encontrar fue Crewe en el centro de Inglaterra, que no fue construido hasta el siglo XIX por los ferrocarriles. Por suerte, había una esposa de la Marina que vivía en Beeville y era de Escocia. Le pregunté sobre Crew. Dijo que había un pueblo llamado Crew en el lado escocés, y que era tan pequeño que probablemente no aparecería en los mapas. Comentó que siempre había sido un lugar pequeño.

J: ¿Y qué hacía tu papá en Crew?
A: Nada bueno, me temo. Pero aquí hará su propio negocio.
J: ¿Cuál es su negocio?
A: Tendremos una remontadora de calzado.
J: ¿Trabajará como zapatero en Crew?
A: Trabajó para un zapatero, un aprendiz.
J: ¿Has estado yendo a la escuela?
A: No. Mi madre me enseña lo que puede. No es apropiado que las mujeres sepan demasiado. Mi papá dice que se enfadan si una mujer aprende con su cerebro como un hombre. Está en contra de la naturaleza.

Aquí, Johnny mostró una venazo de chovinismo insospechado al señalar (con un aire de suficiencia), "¡Tu papá es muy inteligente!" Mary continuó:

A: Papá aprendió su oficio, y pedí ir a la escuela para aprender una profesión, y se rió de mí. Dijo que él ganaría suficiente dinero para todos nosotros. Y debería aprender a ser una dama y hacer las cosas que hace una mujer. No debería intentar ser un hombre. Pudre el cerebro, va en contra de la naturaleza. El hombre debe aprender y la mujer debe quedarse en casa. Sí, hay mucho que aprender: cocinar, coser, mantener el hogar adecuadamente. Es un pecado y una pena no hacerlo bien.

La siguiente vez que encontramos a Mary ya era mayor y estaba casada.

J: ¿Qué estás haciendo?
A: Estoy esperando al sol.
J: ¿El sol todavía no ha salido?
A: No.
J: ¿Cuánto tiempo llevas despierta?
A: Mucho tiempo. Me gusta cuando está todo oscuro, sin luz. Sigo esperando.
J: ¿Te gusta ver salir el sol por la mañana? Es precioso.
A: Sí, me gusta.
J: ¿Cómo te llamas?
A: Mary.
J: ¿Y tu apellido, Mary?
A: (Rie) Es Riley.
J: ¿Estás casada, Mary?
A: Lo estoy.
J: ¿Cuánto tiempo llevas casada?
A: Desde hace mucho tiempo ... muchos años.
J: ¿Y qué hace tu marido?
A: Hace zapatos, botas y pantuflas.
J: ¿Cuántos años tienes, Mary?
A: Tengo ... tendré casi 40 ... Creo que tengo 40.
J: ¿Cuántos hijos tienes?
A: Una; Tengo una hija.
J: ¿Cómo se llama?
A: La nombré Mary.
J: ¿Cómo tu?
A: Como la Santa María, que la virgen siempre la proteja.
J: Veamos, tu casa ... ¿en qué ciudad está?
A: Loch.
J: ¿Cuánto tiempo llevas viviendo en Loch?
A: Casi toda mi vida. Vine aquí cuando era una niña pequeña.
J: (Sabía que Loch significa lago) ¿Vives cerca del agua?
A: Bastante cerca. Puedes verlo desde la ciudad. La ciudad está construida cerca del agua.
J: Oh, entonces vives en la ciudad.
A: Cerca del borde, pero en la ciudad.
J: Veamos, estás en Inglaterra, ¿verdad?
A: Sí, Inglaterra..

J: ¿Quién es el Rey?
A: Tenemos una Reina.
J: ¿Cómo se llama?
A: María.

Esto fue lo único que dijo que probablemente podría proporcionar una fecha. La investigación reveló que había una Reina María I (María Tudor) también llamada Bloody Mary, que gobernó desde 1553 hasta 1558. Esta María era la hija de Enrique VIII; de ahí la media hermana de Isabel I. El término "sangriento" le fue dado por los protestantes porque María tenía la intención de restituir la iglesia romana católica (papista) a la iglesia estatal inglesa incluso si eso significaba guerra. Alrededor de 300 protestantes fueron martirizados durante este tiempo. También hubo un mandato conjunto de Guillermo III y María II de 1689-1694. Pudo haber sido una de estas soberanas.

J: ¿Alguna vez has visto a la Reina María?
A: Nunca he estado allí; esta muy lejos.
J: ¿Dónde vive?
A: Al sur del país. He oído que viene a veces aquí a un castillo que está cerca. Pero nunca la he visto.

La investigación reveló que Balmoral Castle, en los bosques de Aberdeenshire de las Tierras Altas de Escocia, es la residencia escocesa del monarca reinante de Gran Bretaña. ¿Podría ser este el castillo del que ella estaba hablando?

J: ¿Probablemente viene para pasar unas vacaciones de verano?
A: Sí, es mejor aquí que allí. A ella le gusta el agua
J: ¿Dónde está tu esposo hoy?
A: Está trabajando.
J: ¿Tiene su propia tienda?
A: Sí, sí la tiene. Debe trabajar duro, un par de botas especiales, deben de hacerse hoy.
J: ¿Ha estado trabajando toda la noche, o se levantó temprano para ir a trabajar?
A: Se fue hace unos minutos. Le hice el desayuno.
J: ¿Qué desayunaron?

A: Su tortita escocesa favorita. Un pequeño pastel que se come, y también hago extra pasteles para el almuerzo. Le echas mantequilla, miel, mermelada. Están buenos fríos o calientes. Un pastelito muy dulce. Soy una muy buena cocinera, ¿sabes?
J: *Sí. ¿Tu hija todavía sigue durmiendo?*
A: Sí. Luce como un angel. Su cabello es muy negro. Una niña hermosa, preciosa. (Tenía mucho orgullo en su voz)
J: *¿Cuántos años tiene?*
A: Pronto tendrá nueve años.

Volvimos a encontrar a Mary con la misma edad en otra sesión.

J: *¿Qué estás haciendo, Mary?*
A: Barriendo, limpiando y haciendo brillar las cosas. Voy a dar una fiesta.

(Sonaba feliz y emocionada)

J: *¡Lo estas!*
A: Es el cumpleaños de mi hija.
J: *¿Cuántos años va a tener?*
A: Tendrá diez años.
J: *¿Cuántos años tienes tú, Mary?*
A: Oh ... (riendo) ... Tengo 40. Alrededor de los 40.
J: *¿Quién vendrá a la fiesta de cumpleaños?*
A: Todos sus amigos que conoce.
J: *¿Va al colegio?*
A: Va a un colegio aquí en la ciudad, una pequeña ciudad y el colegio también es pequeño. Aprende bien. Es una niña muy brillante. ¡No como su madre!
J: *¿Cómo se llama el colegio?*
A: (Ríe) El colegio de Loch. No lo llamamos por otro nombre. El sacerdote dice, sí, lo llamamos a veces por el nombre de la iglesia, ¿sabes? Le enseñan bien allí.
J: *¿Cuál es el nombre de la iglesia?*
A: San José. Lo nombramos por el santo Padre.

Esta fué la única vida en la que hablaba como una católica.

J: *¿Qué estás haciendo para la fiesta?*
A: Vanidades! Mi hija las adora así que...
J: *(Desconcertado) ¿Qué son vanidades?*
A: Es un pastelito de hojaldre. Es ligero y esponjoso, y parece que por dentro tambien es hermoso. Pero cuando lo abres, está casi vacío, hay un agujero. Entonces lo llamamos una vanidad, inflado con engreimiento.

La investigación en viejos libros de cocina no reveló nada con este nombre. Personalmente creo que sonaba muy parecido a un "Popover".

A: Y les serviré el té. A ella le gustará que sea parecido a una fiesta de damas.
J: *Supongo que a todas las niñas les gusta fingir que son damas.*
A: Oh, sí. Y será la más encantadora de todas. Hermosa. Pero si no te importa, me gustaría seguir trabajando para no llegar tarde.
J: *Sí, adelante. Recordará esta fiesta el resto de su vida.*
A: Sí, eso espero. ¡Estuvimos esperando tanto tiempo!
J: *¿Qué le vas a dar por su cumpleaños?*
A: Su padre le hizo los mejores zapatos y yo un vestido ... ¡de terciopelo! Estará muy orgullosa.
J: *Seguro lo estará.*

La última vez que vimos a Mary era una anciana y dijo que estaba tejiendo un chal.

J: *Estás tejiendo un chal hermoso.*
A: Sí, el color es muy vivo, me encantará.
J: *Eso está bien. Mary, no me dijiste tu apellido.*
A: ¡Ah! ¿Eres amable e interesado en mí? ¿Me visitarás por un tiempo?
J: *Sí, lo haré.*
A: Muy bien. Muy bien. Mi nombre es Smythe-Riley. (Al parecer, Smythe era su apellido de soltera).
J: *¿Te sientes sola por aquí?*
A: La gente viene a comprar mis tejidos de punto. Los nietos vienen a veces.
J: *¿Tienes muchos nietos?*

A: No, solamente dos. Muy dulces. Los brownies son dulces.

Se ha dicho que la división Brownies de las Girl Scouts se llamó así porque era lo que las abuelas irlandesas usaban para llamar a sus nietos.

J: *Veamos, ¿Dijiste que tienes 70?*
A: Sí. Vieja, pero he tenido una buena vida. Ahora estoy esperando, mi salud no está bien. Si no me muevo demasiado, no me duelen los pies. Froto mis dedos. Puedo tejer bien. 'Es bueno hacer algo bueno. La mente, la mente es donde envejecemos.
J: *¿Y dónde está esta cabaña, Mary? ¿En qué lugar estamos?*
A: (Riéndose) ¡Pues, estamos en Inglaterra! Puedes ver la costa escocesa.
J: *¿Cómo se llama la ciudad?*
A: Vivimos a las afueras de la ciudad; se llama Loch.
J: *¿Es una ciudad grande?*
A: Oh ... ¿a qué llamas grande? No es como Londres. He oído que Londres es muy grande.
J: *¿Alguna vez has estado en Londres?*
A: No, nunca. Una vez que crucé el mar hacia Escocia, también crucé el agua una vez hacia Irlanda, pero nunca he estado en Londres ni en ninguna ciudad grande. Soy una chica simple con una vida simple.
J: *¿Eres inglesa, escocésa, irlandésa o qué?*
A: Nací aquí. Hablo como mi esposo tras muchos años de vivir con él. Él era medio ... mitad irlandés y medio escocés. Un buen hombre. (Eso explicaba el acento irlandés).
J: *¿Qué tipo de trabajo hacia tu esposo?*
A: Trabajó aquí en la ciudad; hizo zapatos; era un zapatero. Hizo botas y zapatos para damas. Los mejores. Hizo el par que tengo ahora mismo. Cuido mucho de ellos. Es el último par que me hizo.
J: *¿Cómo se llamaba tu marido?*
A: Thomas. Thomas Riley. Un hombre bueno.
J: *¿Cuánto tiempo ha pasado desde que Thomas falleció?*
A: Alrededor de los 20 años.

Seguramente hacian los zapatos mucho mejor en esa época para que duraran 20 años. Pero ella también era una mujer anciana que obviamente no se movía demasiado.

J: ¿Cuántos hijos tienes, Mary?
A: Solo una quedó viva. Afligió al pobre Thomas; él hubiera querido una familia más grande. Mis bebés morían antes de nacer. Sólo tuve un bebé. Un embarazo completo. La nombré Mary.

Parecía que Mary vivió mucho tiempo en esta vida inglesa, y al parecer fue feliz. Parecía que no había una conexión con la vida actual de Anita, excepto el hecho de que ahora es católica y sus hijos asistían a la escuela católica local.

Capítulo 9

Fuerte Gretchen

Supuse que entre más lejos llegáramos en las regresiones, no quedaría nada que nos pudiera sorprender. Pero cada sesión contenía algo fresco y nuevo para estimular nuestras mentes.

La siguiente parte ocurrió cuando Anita retrocedió a un tiempo justo antes de que ella naciera en la vida en Inglaterra como la dulce y suave Mary. Esto era naturalmente un estado espiritual, pero lo que nos contó fue confuso. Habló sobre un lugar nuevo y extraño que no había mencionado antes, un lugar que sonaba diferente al plano espiritual donde la encontrábamos habitualmente.

J: *Bien, Mary; estamos de vuelta. ¿Que ves?*
A: Es negro, oscuro. Se pondrá más brillante pronto.
J: *¿Qué es ... de noche?*
A: Era de noche, ahora es de madrugada.
J: *¿Qué estás haciendo?*
A: He venido a este lugar por primera vez. Mi espíritu ha descansado... cientos de años.
J: *¿Qué lugar es esto?*
A: Inglaterra, creo. Y estoy lista ahora para comenzar mi serie.
J: *¿Serie de qué?*
A: Mis lecciones. Mi alma debe ser purificada, y debo aprender. Seguiré los pasos mientras escucho que me dice mi voz. Y cada vez, aprenderé algo diferente, algo nuevo. Cada uno aprenderá. Empezaré; Observaré y miraré.
J: *¿Dónde has estado?*
A: He estado descansando, muchos años ... cientos, parece. Descansando
J: *¿Dónde descansas?*

A: Sobre la Tierra, por encima de todo. Sin sentimientos, vibraciones o color. Cuando descansas, estás completamente en paz.
J: *¿Pero estás lejos de la Tierra?*
A: Lejos. He oído que hay problemas allí.
J: *¿En la tierra?*
A: Siempre problemas, pobres almas. Enviadas desde la paz a la Tierra. Antes de que podamos regresar, aprenderemos.
J: *¿Vas a la Tierra para aprender lecciones?*
A: Sí, debo aprender.
J: *¿Has estado descansando mucho tiempo?*
A: Un tiempo largo, largo.
J: *¿Por qué? ¿Tu espíritu estaba cansado?*
A: Pasó por mucha violencia. Mucha violencia, y mi espíritu estaba desgarrado y herido. Necesitaba descansar. Estaba aquí, pero no sabía hablar este idioma. Pero ahora que te hablo recuerdo partes... Pero para estar verdaderamente descansado, no debería recordar. La voz me dice que, a medida que se acerca el tiempo, voy a olvidarme cada vez más. No debo recordar. Afectaría mi lenguaje, me... afectaría todo, mi forma de pensar, mi aprendizaje. No debería recordar el pasado. El espíritu entra fresco sin conocimiento. Y descansado, entras al cuerpo ... y comienzas. Empiezas.

Esto fue confuso. Para hacer preguntas y llevar la sesión a algo que pudiéramos entender, Johnny trató de orientarla en una época o año.

J: *Veamos ... dices que descansaste cientos de años. Voy a contar hasta tres, y retrocederemos 100 años. Podrás hablar conmigo en el idioma que estoy hablando. ¿Dime que estás haciendo?*
A: Preparandome. Descansando
J: *¿Y dónde estás descansando?*
A: No hay nombre ... no hay nombre para llamarlo. Estamos aquí; estamos juntos.
J: *¿Nosotros? ¿Hay muchos de vosotros?*
A: Muchos espíritus, muchos, y descansamos. A veces puedes volver muy rápido, dicen. Si algo que has hecho está muy mal, puedes volver antes de que la memoria se borre por completo. Y tratas de

no cometer los mismos errores o estarás condenado a volver cada vez más. Es mejor descansar y olvidar.

J: Bien. Voy a contar hasta tres, y vamos a retroceder otros 100 años. Que estas haciendo ahora.

A: Comenzando mi descanso

¿Justo estaba empezando su tiempo en este misterioso lugar de descanso? ¿Qué tan atrás estaba la vida antes de eso? Nos gustaría volver hasta que nos enteramos.

J: Bien. Voy a contar hasta tres, y volveremos al año 1300. Podrás hablar conmigo en el idioma que estoy hablando. ¿Qué estás haciendo?

A: Me estoy preparando para el festín.

J: ¿Para qué es el festín?

A: El festín es para las grandes vacaciones. Habrá una fiesta cuando los hombres regresen.

J: ¿Dónde están los hombres?

A: Están en guerra. Somos victoriosos... no perdemos.

Esta personalidad era muy dominante y de voluntad fuerte.

J: ¿Quién eres?

A: ¿Perdón? Entiendo ... tu pregunta ... no.

Cualquiera que haya estudiado un idioma extranjero reconocerá lo que está sucediendo aquí. Johnny le pidió que hablara en inglés. Para poder traducir de un idioma a otro, debe invertir el orden de las palabras en su mente. Aparentemente, ella no entendió la pregunta porque estaba pensando en otro idioma.

J: Oh ... ¿cómo te llamas?

A: ¿Mi nombre? Gretchen.

J: Gretchen. ¿Y tienes un apellido?

A: Me llaman por el nombre de mi padre... Müller.

J: Gretchen Müller. ¿Y donde estas? ¿En qué país estás?

A: Conocerás a mi país como Alemania. Será Alemania.

J: ¿Cómo lo llamas?

A: En el idioma que me dices que te hable, lo llamo Alemania.

J: *¿Dime cómo llamas a tu país en tu idioma?*
A: Deutschland. (Ella lo pronunció de manera diferente S Do-schland). El acento estaba en la última sílaba) Yo soy tu madre patria

Pensé que siempre se llamaba la Patria, o es solo en ¿tiempos modernos?

J: *Y los hombres que están en guerra. ¿Contra quién están peleando?*
A: Están luchando por el castillo bajando el río Rin. Y nosotros vamos ganando; nuestros hombres son fuertes y son muchos.
J: *¿Cuántos hombres tienes allí en tu castillo?*
A: Serían... cerca de cien, creo que así lo dirías. Muchos hombres.
J: *¿Y tu padre, está fuera en la pelea ahora?*
A: Mi padre está fuera. Mi tío, todos los hombres, los siervos, el ayudante, luchan por la protección común. No seremos invadidos; somos fuertes.
J: *Gretchen, ¿qué hace tu padre en el castillo cuando está allí y no pelea?*
A: Él hace las cosas que todos los hombres hacen. Ayuda a su hermano. Su hermano posee este castillo, y es de la familia. Todos vivimos aquí... la familia.
J: *Y es el castillo del hermano de tu padre ...*
A: Mi tío. Wilhelm. Fuerte Wilhelm Müller.
J: *Gretchen, ¿qué hace tu padre en el castillo cuando está allí y no pelea?*
A: (Indignada) ¡Intentaron tomar tierra que era nuestra! Toda nuestra tierra, por supuesto, no está dentro de nuestro castillo. Vivimos bien juntos, cerca, pero nuestra tierra está por todas partes. ¡Intentaron tomar parte de nuestra tierra! Primero, cazaron, incluso quisieron plantar algunas cosas en nuestra tierra. Y eso fue demasiado. Por esto, la guerra debemos comenzar, dijo mi tío.
J: *Dime, ¿cuántos años tienes, Gretchen?*
A: Edad cercana al matrimonio.
J: *¿Te vas a casar?*
A: Cuando mi tío y mi padre estén de acuerdo, y se encuentre un hombre adecuado en nuestro país, con una propiedad adecuada, me casaré.
J: *¿Estás deseando casarte?*

A: Todas las mujeres deberían casarse, tener hijos fuertes. Somos un pueblo fuerte, nunca seremos conquistados, somos los más fuertes. Somos fuertes en espíritu, en cuerpo, en mente, y tendré hijos así cuando me case. El más fuerte. Luchamos con otros castillos, pero siempre ganamos. No habrá castillo que tome el nuestro.

Parecía que la idea de una fuerte raza alemana se remonta a muchos siglos. Debe ser muy innato en la gente.

J. *¿Y es tu castillo un gran castillo?*
A: Lo es, para un castillo, es grande. Abarcamos muchas familias; hay muchas caballerizas. Los jardines son grandes. Las paredes son gruesas y altas.
J: *¿Y tu edad ahora, cuántos años ha pasado desde que naciste?*
A: Dieciocho, creo que me dicen. No es lo mismo, ¿sabes? Una madre se mantendría al tanto de todo esto. Mi padre no puede centrarse en eso. Él está ocupado, él trabaja duro.

Johnny esperaba que ella hablara algo de alemán. Aunque no podríamos entenderla, al menos tendríamos algo grabado. Pensó que tal vez alguien más podría traducirlo.

J: *Lo que quiero que hagas, Gretchen, es hablarme en tu lenguaje. Cuéntame todo sobre el castillo. Describe cómo de grande es, cuántas personas viven allí y qué haces allí en tu idioma.*
A: ¿Cómo puedes entenderme?
J: *Bueno ... voy a aprender tu idioma.*
A: (Enojada) No tengo tiempo para enseñarte. Debo estar en el festín. Puedo hablar contigo un rato, pero no tengo tiempo para aprender el idioma.
J: *(Sorprendido) Oh, bueno, yo ... alguien más está "aprendiendo" para mi. Solo quiero que me des unas palabras en tu idioma.*
A: Te diré las palabras más amables en todo mi idioma, en cualquier idioma, palabras que ya conoces. Ich liebe dich (te quiero). Puedes decirlos en cualquier idioma, siempre son amables.
J: *Y en tu idioma, ¿cómo llamas a tu castillo?*
A: (Impaciente) ¿Mi castillo? El castillo de mi tío. Se llama Müller, el castillo de Strong Müller.

J: *¿Y en tu idioma, lo llamas "castillo" también?*
A: (bruscamente) ¡Quieres que te enseñe, y no tengo tiempo, te lo digo! (Ella tenía bastante temperamento)
J: *Lo siento, Gertrude ... Gretchen.*

Eso realmente la molestó. Comenzó a gritar.

A: No puedes recordar mi nombre; no puedes recordar el idioma ¿Puedes repetirme lo que te dije en mi idioma?

Johnny hizo un lamentable intento de pronunciar "Ich liebe dich".

A: (Se calmó.) Tu acento es peor que el mío, y eso que el mío tiene acento de país.
J: *(Rió) Bueno, todos tenemos que aprender, lleva tiempo. (Decidió cambiar de tema.) ¿Qué estás preparando para el festín?*
A: Preparando el ciervo. Venado.
J: *¿Te gustan los ciervos?*
A: A los hombres les encanta la carne, servimos carne. Hombres fuertes, alimentos fuertes. Comemos lo que cultivamos, comemos lo que cazamos, y todos seremos fuertes. Ser fuerte lo es todo. Lo más importante de todo. Debes ser muy fuerte para sobrevivir, para vivir.

Así que nos habían presentado a otra personalidad, una que era sin duda exactamente opuesta a la calmada y mansa Mary. Esta chica alemana tenía espíritu.

Decidimos que en la sesión de la siguiente semana ibamos a ver si podríamos descubrir qué le había ocurrido que fuese tan violento como para ponerla en el lugar de descanso durante tanto tiempo.

La idea era un poco desconcertante para Anita debido a su gran aversión a la violencia de cualquier tipo. Temía que la violencia pudiera ser algo personal, y le preocupaba que pasar por eso fuera traumático. Ella estaba dispuesta a intentar la regresión, pero todavía le molestaba.

Cuando Johnny comenzó la inducción, Anita se puso irritable y se resistió. Esta fue la única vez que luchó para no hundirse. Era como si una parte de ella supiera que nos estábamos acercando a algo insoportable que había sido reprimido durante mucho tiempo. Pero ella había sido condicionada durante muchas semanas de trabajo en la hipnosis, por lo que después de unos momentos, se relajó y se deslizó al familiar estado de trance profundo.

Johnny le había dicho que haría todo lo posible para guiarla a través de la experiencia con el menor trauma posible. Anita había desarrollado una gran fe en él, como es evidente durante esta sesión.

Dado que todo indicaba que Gretchen vivió a comienzos del siglo XIV, Johnny la regresó a ese período de tiempo y preguntó: "¿Qué estás haciendo?"

A: Cosiendo. Estoy haciendo una bufanda.
J: ¿Cuántos años tienes?
A: No estoy segura.
J: ¿Cuál es tu nombre?
A: Gretchen.
J: ¿Dónde estás viviendo, Gretchen?
A: Con mi padre.
J: ¿Es un buen día?
A: No, llueve ... llueve muy duro.
J: ¿Dónde está tu madre?
A: Ha estado muerta por mucho tiempo.

Esto explicaba la razón por la que dijo en la otra sesión que no sabía cuántos años tenía, porque una madre se mantendría al tanto de tales cosas.

J: Oh, ¿has estado cuidándote a ti misma entonces?
A: Mi padre, él me cuida.
J: ¿Vas a la escuela, Gretchen?
A: ¿Que?
J: Digo, ¿vas a la escuela?
A: No ... ¿qué es?
J: Ah, ya sabes, cuando te enseñan cosas nuevas y cómo hacer cosas diferentes.
A: (Defensivamente) Me enseñaron a hacer cosas. Mi tía, mi padre, las mujeres aquí me enseñan. Sé hacer cosas
J: ¿Tu tía te enseñó a coser así?
A: Ella lo está intentando. Mi tía puede coser y hacer cosas.
J: ¿Y dónde vives, Gretchen?

A: Con mi tío, mi tía, mi padre, lo que queda de nuestra familia.
J: *¿Tienes una gran casa?*
A: ¿Una casa? Un castillo, un hogar, un lugar para vivir.
J: *¿Tienes un castillo?*

Como siempre, era necesaria cierta repetición para verificar si ella decía las mismas cosas.

A: Lo llamamos así. Muy grande.
J: *¿Cuántas personas viven en tu castillo, Gretchen?*
A: ¿Dentro de las paredes?
J: *Sí. Hay más que solo tú, tu tía y tío, y tu padre, ¿no?*
A: Oh, sí, sí. La familia de mi tío, los sirvientes, las personas que trabajan la tierra. Ellos vienen aquí; somos cerca de cien todos juntos. Algunos no están aquí todo el tiempo.
J: *¿Cultivas tu comida fuera del castillo?*
A: ¡Aquellos que comen, trabajan, aquellos que no trabajan, no comen!
J: *¿Tu trabajas en el jardín?*
A: ¡No! Yo cocino y coso. No trabajo.
J: *¿Quién hace todo el trabajo en los jardines?*
A: Los granjeros. Algunos alimentos los cultivamos aquí, pero no todos. No es seguro fuera de las paredes.
J: *¿Por qué no es seguro, Gretchen?*
A: Te llevarán lejos si te ven.
J: *¿Quién te llevará?*
A: El próximo castillo. Bajando el Rin, el próximo castillo. Luchamos todo el tiempo, todo el tiempo.
J: *¿En qué país estás?*
A: Alemania. Es Alemania.
J: *¿Así es como lo llamas?*
A: Será Alemania.
J: *¿No es Alemania ahora?*
A: Mi padre dice que es un buen nombre. No somos bárbaros. Solo matamos para sobrevivir. Seremos un país, no seremos el país de nadie más.
J: *¿Quién es el gobernante de tu país ahora?*

A: No estoy segura. La iglesia tiene autoridad en cuanto a lo que hacemos. A los hombres no les gusta eso... los hombres serán hombres.

J: *¿No les gusta que la iglesia les diga qué hacer?*

A: Nadie debería decirle a un hombre qué hacer en su propia tierra; es suya.

La investigación más tarde reveló que Alemania no era conocida con ese nombre en ese momento. Fue parte del Sacro Imperio Romano. Entonces, técnicamente, la iglesia sí tenía autoridad sobre toda el área.

J: *¿Hay un rey?*

A: No... No sé a qué te refieres.

J: *Quizás un ... ¿qué tal un gobernante... un emperador?*

A: ¿Un gobernante? Tenemos un gobernante. Su nombre es Earl. Él será el gobernante.

J: *Earl. ¿Es eso todo su nombre?*

A: Eso es todo lo que he escuchado.

J: *¿Él gobierna todos los castillos a tu alrededor?*

A: No, pero lo hará. El es un amigo.

J: *Oh, él va a ser el gobernante.*

A: Lo hará. Cuando todos los hombres lo ayuden, entonces él puede ser el gobernante. Algunos castillos se resisten a esto.

J: *¿No lo quieren por gobernante?*

A: Para ser fuertes, debemos tener solo un líder. Cada castillo quiere ser su propio líder. Seremos un país fuerte cuando tengamos un solo líder.

J: *Bien, Gretchen, veamos. Este es el año 1300?*

A: Si dices que sí, lo es. No miro las fechas.

J: *¿Oh, no haces un seguimiento del tiempo?*

A: No tengo ninguna preocupación. Solo cuando es primavera u otoño. Conozco los trabajos que hacemos en la primavera y el otoño. El invierno que me gusta más.

J: *Invierno, ¿por qué?*

A: Hay menos trabajo. Y los hombres se quedan en casa.

J: *¿No salen de agricultura y caza?*

A: Pueden matarse unos a otros, como tontos, en el verano; pero en el invierno, es más probable que se queden en casa.

J: De acuerdo, Gretchen, voy a contar hasta tres, y seguiremos adelante muchos veranos, muchos inviernos. *(Cuenta)* ¿Qué estás haciendo ahora?

Cuando Johnny alcanzó el número "tres", Anita se puso rígida en la silla y se agarró fuertemente de sus brazos. Tenía la boca fuertemente cerrada y su cara desafiante. Cuando ella habló, fue con los dientes apretados.

A: (Pausa larga) No sé nada, no puedo decir nada. No diré nada. No servirá de nada preguntar. ¡No te diré dónde están!
J: *(Sorprendido)* ¿Dónde está quién?
A: Mi padre, mi tío y los hombres.
J: ¡Oh! ¿Quién te pregunta?
A: ¡NO CONTESTARÉ!

Este fue un giro inesperado de los eventos. Era obvio que estábamos en la parte de su vida que queríamos saber, pero ¿cómo proceder? ¿Cómo moverse por este bloque? Esto tomaría algo de tacto y estrategia.

J: Gretchen, ¿alguien ha estado buscando a tu padre?
A: ¡Tu sabes dónde está!
J: ¿Tu padre se fue hace mucho?
A: NO CONTESTARÉ... No tengo miedo. ¡No tengo miedo!
J: Está bien, Gretchen. Me lo puedes decir. ¿Quién te pregunta dónde está tu padre?
A: (Desafiante) ¿Cómo sé que no lo dirás?

Estaba tratando de pensar en una forma de abrirse paso hacia ella y recuperar su confianza.

J: He sido tu amigo en muchos de estos viajes.

Anita se relajó notablemente, pero aún permaneció tensa.

A: ¿Me ayudarás a buscarlos?
J: Sí, te ayudaré.

Esto puede parecer algo extraño de hacer, pero Johnny estaba inventando sus propias pautas. Concluyó que la única forma de hacerla hablar era ingresar en la historia como participante. Además, tal vez inconscientemente, tenía miedo de pasar por aquello sola.

A: ¡Si los encuentran, los matarán!
J: *Tal vez podamos advertirles.*
A: Quiero salir del castillo, pero mi tía dice que no. Toda la gente dice, no. Pero sé dónde están, tengo que advertirles. (Ella estaba muy angustiada)
J: *¿Quién está aquí en el castillo?*
A: Los hombres del otro castillo. Ellos vinieron.
J: *¿Cómo entraron?*
A: No sabíamos quiénes eran, se vestían de manera diferente. El que estaba adelante estaba en el caballo de mi padre. Y los dejamos entrar; y cuando estaban dentro, sabíamos que no eran nuestra gente. No regresan nuestros hombres. Y han estado aquí ahora casi tres días. ¡Y no les diré nada!
J: *No. ¿Están mirando las puertas para que no podamos salir?*
A: Están mirando. Han buscado, destrozado todo. Todo, mirando ... pero no saben que mi padre se ha ido por ayuda. Obtendremos ayuda del norte. Conozco el camino. Lo sé, es a través de los árboles. Nunca he estado allí, pero lo sé; He escuchado.
J: *¿Cómo de pronto crees que esta ayuda podría llegar aquí?*
A: Si mi padre está en camino, si está vivo, podría estar aquí en breve, tal vez un día. Podríamos montar rápido, podemos cabalgar esta noche.
J: *¿Crees que podríamos pasar a través de ellos?*
A: No sabemos si no lo intentamos. No debes tener miedo; mostrar miedo es débil. No les tengo miedo, no tendré miedo.
J: *¿Cuántos de ellos viajaron hace tres días?*
A: Sobre ... sobre ... No puedo contar ... varios. No es suficiente, ni tantos como todos nuestros hombres, ni siquiera una parte de lo que tenemos.
J: *Si todos tus hombres estuvieran aquí, no habrían entrado en absoluto.*
A: Nadie podría entrar si estuvieran todos aquí. Nadie entraría. Pensamos que era mi padre.
J: *Me pregunto dónde consiguieron su caballo. Quizás se desvió.*

A: (Suavemente) Es por eso que ... adentro ... tengo miedo. Él amaba ese caballo, no lo dejaría ir. Deben haberlo tomado. ... Tengo miedo, por dentro. (Gritado) ¡No tengo miedo ... de esta gente!
J: No. Pero tú sabes, que si hubieran atrapado a tu padre, no estarían aquí preguntándote dónde está; ellos ya lo sabrían. Entonces ellos no deben saberlo.
A: Eso es lo que me digo a mí misma.
J: Él todavía debe estar vivo en alguna parte buscando ayuda.
A: Tal vez ... quizás esté herido.
J: Eso podría ser.
A: Tendré que buscarlo. Mi tío podría haber llegado.
J: ¿Tu tío fue con tu padre?
A: Cabalgó poco después. Sería más seguro no viajar juntos. Si uno no lo consiguiera, el otro lo haría. (Pausa larga) Tan pronto como esté oscuro, iré.
J: Bueno, tal vez puedas pasar de largo y no verán nada.
A: Creo que puedo. Puedo atravesar la pared.
J: ¿Tienes una puerta que no conocen?
A: No es realmente una puerta. Hay algunas rocas que están sueltas en la pared. Y creo que si puedo entrar ahí ... justo al otro lado de la pared, también está suelto allí. La pared no es demasiado gruesa Puedo pasar. Los escuché hablar. Están en la esquina norte.
J: Tal vez puedas encontrar un caballo afuera para que puedas viajar hacia el norte.
A: No lo sé. Voy a caminar si debo. Quizás podría encontrar mi camino más fácil si caminara. No sé cuánto tiempo me tomaría. ... Intento pensar ... atermorizada. Tienen tierra a nuestro alrededor, pueden estar allí. Si camino, podría esconderme. Puedo llegar hasta allí.
J: ¿Qué hicieron estas personas? ¿Capturaron esa tierra alrededor del castillo y finalmente entraron al castillo?
A: Mataron a las personas que trabajaban para nosotros; quemaron su tierra, sus casas... fuera de las paredes. Y luchamos con ellos, luchamos con ellos durante mucho tiempo. Pero nos ganan en fuerza.
J: ¿Siguen recibiendo más ayuda?
A: Lo hacen.
J: Bueno, seguiremos esperando aquí hasta que oscurezca afuera.
A: ¡Irás conmigo!

J: *Sí. (Pausa) ¿Ya está oscuro?*
A: Estamos cerca de la oscuridad total.
J: *Tal vez entre nosotros dos, podamos sacar las rocas.*
A: Debemos intentarlo, debemos intentarlo. Sé dónde están sueltas aquí. Ten mucho cuidado de ponerlos de vuelta para que no sepan a dónde hemos ido.
J: *Si.*
A: El aire huele mal. ... Aquí también está oscuro. Muy oscuro. ... Date prisa, intentemos encontrarlo del otro lado. ¡Empuja fuerte! (Susurra) ¡Escucha!
J: *(pausa larga) ¿Qué oyes?*
A: ¡Están afuera!

Casi podía verla en mi mente, presionada contra la pared, conteniendo la respiración.

J: *Uh-oh. Tendremos que esperar.*
A: ¿Puedes respirar?
J: *Creo que sí; aunque huele bastante mal. ¿Crees que te escucharon tratando de empujar esa piedra?*
A: ¡SHHH! (Anita literalmente contuvo la respiración durante varios segundos.) ... Ahí ... se han ido. ... Ten cuidado. ... Sé muy callado. (Susurro) ¡No la tires!
J: *Uff, está completamente oscuro.*
A: Shhh! Trabaja ... Puedo pasar.
J: *Tu vas primero, después yo.*
A: No quiero esperar. ... Voy a continuar.
J: *Estaré justo detrás de ti. (Pausa) ¿Puedes encontrar el camino?*
A: Debemos llegar a los árboles. ... Me digo a mí misma, no tengo miedo. (Patético) No tengo miedo; No estoy asustada. ... Este debe ser el camino, el único lugar. (De repente) ¡Alguien está allí!

El miedo podía sentirse. Anita de repente se echó hacia atrás contra la silla, agarró los brazos y jadeó bruscamente, como por un golpe repentino.

J: *¿Cuál es el problema?*
A: Ellos me han visto. ... No pensé que me verían, pero lo hicieron. Tengo que seguir.

J: *Adelante.*
A: Ellos piensan que estoy muerta.
J: *¿Qué? ... ¿Te atraparon?*
A: ¡Me han dado!
J: *¿Te han dado? ¿Con qué te han dado?*

No hace falta decir que nos sorprendimos.

A: Una roca. ... Estoy sangrando, pero puedo irme.
J: *¿Estás sangrando mucho?*
A: Voy a arrastrarse. ... Me voy a ir. ... ¿Están mirando?
J: *No lo creo.*
A: Estoy sangrando.
J: *¿Crees que puedes hacerlo?*
A: Mi cuerpo se queda aquí. (Pausa larga) Mi cuerpo se queda aquí.
J: *¿Tu cuerpo se queda allí? ¿Qué estás haciendo?*
A: Voy a ir de todos modos.
J: *¿Para encontrar a tu padre?*
A: Debo advertirles. Esto es extraño. Me estoy mirando a mí misma … ¿Cómo puedo estar en dos lugares?
J: *Nunca hiciste eso antes.*
A: No, nunca he hecho esto. Arrastran mi cuerpo hacia atrás.
J: *Oh, vinieron y se lo llevaron? Pensé que se habían ido.*
A: Esperaron; solo esperaron.
J: *¿Qué están haciendo ahora?*
A: Lo ataron al caballo. Lo están llevando… arrastrándolo de espaldas. Van a... cortarme en pedazos (Revuelta). Frente a las otras personas, para que hablen. No puedo sentirlo ... Lo veo ... (Horrorizada)...
J: *Pero tú no estás allí.*
A: Soy yo, pero no estoy allí. Estoy confundida… muy confundida. Siento que podría continuar. Debo advertir a mi padre. La ayuda debe llegar pronto. Todo es luz ahora. Puedo ver; Puedo ver.
J: *Ya sabes, no pueden verte ahora.*
A: No, ellos no me vieron, ¿verdad? Me puse de pie y los observé. Yo... No sé qué es esto. Me han dicho, cuando mueres estás en la tierra hasta que Dios te eleve.
J: *Ahora sabes que es diferente.*

A: Es muy confuso. Me muevo más rápido ahora, ¿ves? Estamos llegando al castillo... No he visto a mi padre en ningún lado.

J: *¿Es este el castillo al que iba?*

A: Su amigo, su aliado, un caballero.

J: *¿Cuál es su nombre?*

A: Earl.

J: *Oh, ¿este es Earl, el que iba a ser el gobernante?*

A: No creo que ahora lo vaya a ser.

J: *¿Por qué?*

A: Van a perder por un tiempo. Pasará mucho tiempo antes de que... ¡no me oyen tocar!

J: *Puedes seguir adelante.*

A: ¿A través de la puerta?

J: *Justo a través de la pared. ¿Has probado?*

A: No, nunca lo intenté.

J: *Mira cómo funciona. (Pausa) ¿Esa pared te detuvo?*

A: No. Tampoco me detuvo, ¿verdad? ¡Vamonos! No hay nadie aquí dentro de la puerta para escucharme. Iremos de una habitación a la otra. Ellos no responden. Es como si estuviera corriendo ... pero no me muevo así. Muy rápido. Creo que ese es él.

J: *¿Lo ves?*

A: Sí. Él está durmiendo. Ha sido herido.

J: *Eso debe haber sido la forma en que consiguieron su caballo.*

A: Ha sido herido, y están tratando de ayudarlo aquí. Él tampoco me oye. (Frustrada) ¿Cómo puedo despertarlo? ¿Cómo puedo despertarlo? ¿Qué?... No puedo sacudirlo. Intento tocarlo, y no lo muevo cuando lo toco. Él no puede sentirme. Le arrojaré algo. Aquí está su bota.

J: *¿Puedes usar eso?*

A: Si.

J: *¿Hay alguien más en la habitación?*

A: No. Está aquí solo. ¡Ahí! Está moviendose! Llamó a alguien.

J: *¿Qué dijo?*

A: ¡Gritó pidiendo ayuda!

J: *Probablemente no sepa qué lo despertó.*

A: Estoy tirando más cosas. Las cosas estan por todas partes, y él no sabe qué es.

J: *Ahora, creo que está confundido.*

A: Aquí vienen. Lo intentaré una vez más. Le dicen que es un demonio lo que hace que las cosas hagan esto.

J: *¿Puedes contarme lo mal que estaba herido?*

A: Él no está tan mal como piensan. ¡Ahí! Está bien; ¡está bien! Piensa piensa. ... Sí.

J: *¿Le diste la idea a él?*

A: Sí. Él les dice que debe regresar, pero tienen miedo de dejarlo ir. Dice que vayan con él. Tienen miedo de irse.

J: *¿No ayudarán?*

A: Le dicen que espere hasta mañana. Piensan que podría ser la fiebre. Él tiene la sensación ahora, de que estoy tratando de contactarlo. Está pensando en mí; tiene miedo por mí. Y mientras él está pensando en mí, puedo decírselo. No escucha mi voz, pero puede escucharme en su mente. Dice que debe irse. Ellos irán con él. Cuando comience a ir, irán con él. Estoy más débil ahora. No sé ...

J: *¿Qué crees que harás ahora?*

A: Le he advertido. ... Quiero volver, y ver ...

J: *¿Ver lo que sucedió en el castillo? ¿Volverás?*

A: Voy a volver. Quiero saber qué me pasó.

J: *¿Qué estaban haciendo cuando nos fuimos?*

A: Iban a cortarme. Hablaron de eso... los escuché. Me cortarían la cabeza y la pondrían en la puerta, adentro, para que todos la vieran. Una parte de mí en cada parte del castillo. No dejarán que me entierren. (Horrorizada) ¡Esto no está bien! (Negando con la cabeza) No, esto no está bien ... ¡Veo que lo hacen!

J: *¿Estás de vuelta en el castillo ahora?*

A: Mi pobre tía se vuelve loca. Una mujer grita, llora ... ¡la matan! (Sollozando) Le cortan la cabeza. (Quejándose) Ohhhh. Les dicen que deben contarles todo, pero no quieren contárselo. (Gritó) ¡Sé valiente, no lo digas! Asusté a mi padre, ¡tal vez podría asustarlos a ellos! Esperaré hasta que el líder esté en la sala, y él irá allí. Levantaré su espada y la arrojaré. ¡Ah! Él no es tan valiente ahora.

J: *¿Eso lo asustó?*

A: Está conmocionado, está muy conmocionado por esto. La recojo y la tiro una y otra vez. ¡Está tratando de decirles que el castillo está embrujado! Tiré su espada con tanta fuerza que abolló su casco. Está llorando; ¡Está tan asustado!

J: *¿Por qué no se van?*

A: ¿Qué debo hacer? Los hombres no lo escucharán. Cuando llegan, la espada está tirada en el suelo, y yo muy quieta. Tan pronto como se van, la hago mover nuevamente. No tengo que tirarla. Puedo decirle que se mueva y lo hará. Baila delante de él, y él lo intenta parar. (Ríe) Ahora, dejaré que lo coja. No lo lastimaré ... Dejaré que se lastime a sí mismo. ¡Mira! Creen que lo ha hecho él mismo. Se agarró con tanta fuerza que temió que se moviera. Le cortó la mano. Los líderes que serán líderes creen que se ha vuelto loco. Solo lo dejan sangrar. Ni siquiera intentarán ayudarlo. Lo sacan de aquí. No quieren que la gente sepa que él ha hecho esto.

J: ¿A dónde lo están llevando?

A: ¡La pared! Sabían sobre esto todo el tiempo!

J: Oh, la apertura en la pared?

A: Lo van a sellar allí, vivo. Lo están sellando allí.

J: Tal vez se puede encontrar la apertura en el otro lado.

A: Es débil ... se ahogará. No voy a ayudarlo. Tengo un trabajo que hacer. Debo salvar este castillo.

J: ¿Quién está liderando ahora?

A: Los dos que lo encontraron discutieron. Ambos están asustados. No son líderes como él.

J: Tal vez todavía creen que el castillo está embrujado.

A: No lo saben con certeza. Parece extraño. Estaba perfectamente bien, y luego simplemente se volvió loco. Y dicen que fue su debilidad, por escuchar a las mujeres gritar.

J: Tal vez si los convences, tomarán a todos y se irán.

A: No, no voy a hablar con ellos. Ellos le ayudaron a él conmigo. Pusieron partes de mi cuerpo en todo este castillo. Y ahora me pararé frente al fuego. Ellos me ven, me están mirando directamente. ¡Se quedan boquiabiertos! Casi se golpean el uno al otro al salir de la habitación. A donde sea que vayan, los sigo. Nadie puede verme excepto ellos hasta en el patio. Los caballos sienten que estoy aquí. Los caballos saben que algo es extraño. Los acaricio y los calmo. Los hombres les dicen a los demás que están yendo a buscar a mi padre, dejándolos sin ningún líder. No están buscando a mi padre; solo quieren salir del castillo. Iré directo con ellos. Si los hago ir al norte, entrarán directamente en el grupo de mi padre. Me paro en el camino hacia el sur. ... Están galopando hacia el norte, ahora. Donde sea que miren, me ven. Puedo hacer que vayan de la forma que yo quiera. ¡Esto es divertido! ¡Esto es algo divertido que hacer! Mi padre, estará orgulloso de mí cuando lo sepa. (Pausa) ¡Míralos! Solo míralos allí tumbados.

J: *¿Qué pasó?*

A: ¡Se cayeron al acantilado! Galoparon los caballos hacia el acantilado. No tengo tiempo para hablar con ellos ahora. No sé si están muertos. Regresaré al castillo. Voy a salvar el castillo, hasta que llegue mi padre. No estoy segura de cómo lo haré; todavía hay algunos dentro. Tres se han ido. Por qué, lo sé ahora. Antes, no sabía cuántos hombres había aquí. (Orgullosamente) ¡Ahora lo sé!

J: *¿Cuántos?*

A: Hay 14 hombres más aquí.

J: *¿Catorce más de los que te quitaste de encima?*

A: Sí. Tienen a todas las mujeres encerradas en la sala principal. Una por una, las sacan y las matan. Hablo con la primera, pero no tengo tiempo para quedarme. Le pido que lo haga. Pero ella es nueva, tampoco conoce esto del espíritu. Está asustada, como yo, le digo que lo entenderá. Le pido que se quede aquí, que hable con cualquier otra mujer que maten. Me quedaré en este castillo. Me quedaré en este castillo hasta que todos se hayan ido. Los haré ir uno a uno, ¡o todos juntos! ¡Este es el castillo de mi tío!

J: *¿Por qué están matando a las mujeres?*

A: Quieren que les digan dónde están las cosas, quién son los que nos ayudarán, quiénes son los hombres del lado de Earl. Algunas de estas mujeres ni siquiera saben, y las están matando de todos modos. (Disgustada) ¡Oh, son bestias! Estos son hombres perversos y malvados.

J: *¿Hay un líder de estos 14 hombres?*

A: Están haciendo lo que les dijeron antes de que los otros se fueran. Algunos de ellos no saben que los otros se han ido. Si lo supieran, se irían de aquí, se matarían unos a otros tratando de descubrir quién sería el jefe.

J: *Tal vez hay alguna manera de mostrarles que se fueron.*

A: Quiero asustarlos ... pero no a estas mujeres, a estas pobres mujeres. Están aterrorizadas.

J: *¿Cómo están matando a las mujeres?*

A: Les cortan una mano ... luego un brazo ... simplemente les pegan a algunas. Oh, es terrible! Tengo que detenerlos. Si me paro frente a ellos, tal vez se asusten. Están tratando de fingir que no me ven. Cada uno está mirando al otro. ¡Gracioso!

J: *¿Crees que te ven?*

A: ¡Me ven! Intentan no decir que me ven. Deciden irse de esa habitación. Uno por uno, se van ... cada uno. Uno se queda y vigila a estas mujeres. Le dicen: "No mates a otra mujer. Espera. Algo esta raro en este castillo". Hay algo extraño. Ellos no entienden. Nadie lo pondrá en palabras. Están asustados, muy asustados. (Más fuerte) Ahora, ahora deberían estar asustados. Mi padre viene. Es casi de noche otra vez. Él cabalga ... trepan por las paredes, y los hombres están en el patio. No pueden ganar, están rodeados. Mi padre vio mi cabeza ... sabía lo que había sucedido. Por qué fue llamado de vuelta. Han tomado a los otros prisioneros.

J: *¿Los van a matar?*

A: Los sellarán en la pared. Lo hacen con los prisioneros. Y debajo del suelo. Este lugar ... oh, tantos murieron aquí. Fue mi castillo; era mío, y me encantaba.

J: *Bueno, tu padre ha regresado ahora, y ...*

A: Estoy hablando con él.

J: *¿Puede él oírte?*

A: Está intentandolo. Está tan dolido de que haya muerto. Estoy tratando de consolarlo. Piensa que la voz es mi recuerdo, pero él está escuchando. Le digo que me quedaré y protegeré el castillo.

J: *¿Cuánto tiempo te quedarás?*

A: Hasta que esta lucha termine. Creo que puedo quedarme ese tiempo, eso espero. Nadie debe tomar este castillo. Es posible que no pueda permanecer tanto tiempo. Le digo que no se asuste, sino que me busque delante de la chimenea. Le pido que me escuche. Espero que me escuche. Puede escucharme ahora, nuestras mentes pueden encontrarse por completo. Están llamando a la puerta, interrumpen sus pensamientos, él se escabulle. No trates de decirles nada. ¡No te creerán!

J: *No, no le creerán.*

Johnny decidió que era hora de salir de esto. Ya fue suficiente.

J: *Vas a ir a la deriva ahora, Gretchen. Deriva ...*

A: ¡Me quedaré en este castillo! ¡Tengo que quedarme aquí! (Gritó) ¡No me vuelvas a llamar! No quiero ir, No quiero ir! Mi trabajo no está hecho! ¡Me quedaré aquí!

Esto podría haber presentado un problema si no se manejó correctamente. Pero Johnny mantuvo la calma y el control.

J: *Estamos yendo a la deriva ahora, Gretchen, a la deriva. (Utilizó un tono de voz muy suave.) La lucha en el castillo ha terminado. Tu trabajo está hecho. El castillo ha estado bien protegido.*
A: Lo llaman "embrujado" ahora.
J: *El castillo embrujado.*
A: Quemaron tanto. Las piedras están allí. Algunas cedieron cuando los soportes fueron quemados. Es mi castillo!
J: *¿Qué vas a hacer ahora, Gretchen?*
A: Debo descansar. Yo era demasiado fuerte. ¿Por qué tuve que acabar así? Se suponía que debía ser una buena luchadora, pero no tan fuerte. Mi voz me dice ... fui muy valiente. Tenía buenas cualidades, pero no debo resistir la voz. Estuve demasiado tiempo allí, y algunas cosas que hice no estaban bien, mientras estuve allí. Dije que no sabía ... pero tal vez lo hice. Está mal que me quede allí y trato de escabullirme ahora, para asustar a las personas que lo miran. Simplemente no quiero que lo molesten. Debió haber sido mío. Y quiero ser Gretchen. No puedo dejarlo ir, no puedo dejarla ir. Debo esperar mucho tiempo, y luego me olvidaré.
J: *¿Te dijo eso la voz?*
A: Sí. Y de no volver. Es muy paciente cuando vuelvo.
J: *¿Dónde estás descansando?*
A: Bueno, él quiere que vaya ... todo el camino de vuelta. No estaba lista para ser enviada todavía, tal vez. Él dijo que yo era demasiado fuerte. Tengo que volver a descansar. Empecé a llorar ... y me prometió que el castillo siempre estará allí. Él borrará la memoria, descansaré. Volveré. Cuando vuelva, podré regresar, pero no como Gretchen. Volveré a estar viva, pero no debo ser tan fuerte. Mi espíritu era demasiado fuerte.
J: *¿Te ha dicho la voz cuándo vas a regresar?*
A: Cuando esté descansada. Me dice: soy verdaderamente un espíritu perfecto. Esa persona, los tiempos, me hicieron demasiado fuerte. Ese es todo el problema, te involucras. Te conviertes en esa

persona. Mi espíritu era muy fuerte. Me dijeron que era fuerte y que podía hacer cualquier cosa porque era Gretchen. Y mi espíritu lo creía. Incluso la muerte no me detuvo. No es común hacer eso. La mayoría de los espíritus no son tan fuertes. Seré una persona diferente, mucho más suave, gentil.

J: *¿Nos acercamos al momento en que volverás a la Tierra?*
A: Tengo que descansar.
J: *¿Sabes quién serás cuando vuelvas?*
A: Una mujer amable, tranquila, pacífica. Estaré lejos de este país, y lo siento. Me encantó este país.
J: *¿En qué país estarás cuando regreses?*
A: Estaré en Inglaterra. Me han prometido; Algún día volveré a Alemania. Volveré allí. No... algún día seré alemana. (Nótese que Anita es de ascendencia alemana ahora). Pero ahora, debo alejarme de toda la violencia, lejos de donde sucedió todo esto. (Pausa) Recuerdo muy débilmente... (Se estaba volviendo más apagada) ... Recuerdo ... bueno ... no mucho. Puedo estar en paz un tiempo y ser solo un espíritu.

Por sorprendente que pueda parecer, cuando Anita se despertó, no tuvo ningún efecto negativo. Cuando la gente escucha la cinta, asumen que debe haber sido terriblemente difícil para ella, pero ella no tenía memoria de ello y tuvimos que decirle lo que dijo. Más tarde, cuando escuchó la grabación, dijo que era como escuchar una historia, pero que tenía una imagen mental de una niña con largas trenzas rubias. Dijo que se sentía muy cercana a estas vidas supuestamente distintas, como lo sería el casofg con una hermana, y no quería verlas lastimadas. Así que acordamos hacer todo lo posible para proteger sus alter egos.

Cuando la gente le dice a Johnny: "Sonabas como si estuvieras realmente allí" (durante la secuencia del castillo), él siempre dice, con un guiño en sus ojos, "¡Tal vez estuve!"

La siguiente secuencia es bastante complicada y pensamos en omitirla de la historia. Muchas de las cosas de las que hablaba Anita eran extrañas y difíciles de aceptar al principio. Entonces decidimos que era nuestro error en pensar que no entender algo no necesariamente significa que no tiene mérito. También dará una ilustración de cómo de confundidos estábamos muchas veces.

Acabábamos de terminar su vida traumática como Gretchen y la estábamos devolviendo a la vida presente. Nos detuvimos en la vida de Mary en Inglaterra para orientarnos y le preguntamos qué estaba haciendo.

A: (Parecía desconcertada) Estoy mirando, muchas cosas. Algo es extraño. ... ¿Siempre seré así? ... Soy diferente.
J: *¿Qué estás mirando?*
A: Tengo una vida ... ¡pero la veo!
J: *¿Qué?*
A: La observo ... voy y vengo ... veo cosas ... me veo a mí misma, pero estoy ...
J: *¿Tú qué?*
A: ¡Es muy extraño! ¡No entiendo esto!
J: *¿Has vuelto a la Tierra?*
A: No estoy segura si la estoy mirando o si soy ella. ... (Confundida). Tal vez podrías preguntar por mí.
J: *(Trató de tranquilizarla). Creo que eres ella. Sí, eres ella. Has regresado a la Tierra. Has tomado otra vida.*
A: Miro desde lejos. ... Siento su felicidad.
J: *¿Cuál es su nombre?*
A: No estoy segura en este momento. ... Estoy mirando muy de cerca ... Debo tener mucho cuidado ... mirando.
J: *¿Qué está haciendo la mujer ahora?*
A: Ella es una persona muy agradable. La estoy mirando, y... es bonita. Se cepilla el pelo. Está asustada por mi culpa. También siente esto, como yo lo siento ... hablo con ella, y ella habla conmigo. Es muy... ella desearía que yo no hiciera esto.
J: *¿Qué?*
A: Hablo con ella, y ella desea no haberme escuchado, pero su mente es fuerte.
J: *¿Cuál es su nombre?*
A: Desearía poder llamarla con otro nombre. No me gusta su nombre.
J: *¿Cuál es su nombre?*
A: No estoy segura. Es un nombre masculino, que suena, con el que la llaman. No me gusta. Le digo que lo cambie
J: *¿Cambiar su nombre?*

A: Solo diles que pongan otra cosa. No seas demasiado fuerte. Si te llaman con un nombre fuerte, tal vez serás como ... la otra chica. Muy fuerte. Ella era demasiado fuerte, no!

Esto también podría arrojar algo de luz sobre una parte de una cinta anterior que era confusa. Ella supuestamente era Mary en Inglaterra. Estaba limpiando la casa, pero estaba molesta, obviamente incómoda y temerosa. No parecía saber a qué le tenía miedo. Cuando Johnny le preguntó cuál era su nombre, ella respondió: "Es Mary. Me gusta ese nombre. Es un buen nombre para tener". Sin embargo, más tarde, ella lo negó diciendo: "Realmente no soy Mary. Ese es el nombre de mi hermana. No sé por qué dije eso. ... He estado enferma ... Estuve enferma este invierno. Quiero levantarme y nunca volver a la cama. ... Estoy tan asustada hoy. No entiendo cuál es el problema ".

Como dije, es confuso y complicado. Si es posible que el espíritu eterno se hable a sí mismo tal vez la mente subconsciente versus la consciente, tal vez de alguna manera hemos aprovechado ambos lados de la conversación. Ya nos habíamos encontrado con tantas cosas extrañas, que parece que nada está más allá del ámbito de la especulación. Podría su espíritu haber estado tratando de hacerle cambiar su verdadero nombre porque sonaba masculino y tenía que ser mansa y afable en esta vida como Mary. ¿Tenia tenía que ser todo lo contrario de Gretchen? (Ver el próximo capítulo). En cualquier otro momento de su vida en Inglaterra, siempre se refirió a sí misma como Mary. Cuando hablamos con ella cuando era niña, no le preguntamos su nombre, simplemente lo dimos por hecho.

Cualquiera que sea la respuesta, aparentemente funcionó y ella no estaba preocupada por algo como esto otra vez.

Una cosa única que era obvia en las cinco vidas que Anita atravesó fue que todas eran mujeres. Cuando le mencioné esto a Anita, ella dijo: "¡Bueno, por supuesto! Soy mujer. No sería otra cosa. "En ese momento cuando no sabíamos nada sobre la reencarnación, eso parecía una explicación lógica. Pero en los años siguientes y miles de casos más tarde, me doy cuenta de que tenemos que ser tanto hombres como mujeres muchas, muchas veces. Tenemos que estar equilibrados, por lo tanto, no podemos seguir volviendo para aprender nuestras lecciones como del mismo sexo. Tenemos que saber cómo es experimentar ambos puntos de vista. Entonces, ¿por qué las vidas de Anita eran todas femeninas?

Cuando las examiné, encontré lo que creo que es la respuesta. Dijo que la vida de Gretchen fue su primera vida en la Tierra, y se descubrió que probablemente la enviaron demasiado pronto. Ella aún no estaba lista para experimentar la vida como un humano. La vida de Gretchen fue como una mujer muy fuerte. Los tiempos y la cultura la hicieron demasiado fuerte, por lo que ni siquiera la muerte la detuvo. Incluso en su estado espiritual, ella hizo cosas que iban en contra de las reglas. Finalmente se decidió ponerla en el lugar de descanso para borrar los recuerdos, para que ella pudiera funcionar como un humano normal. Y tomó cientos de (nuestros) años para llevarse los recuerdos. Por lo tanto, cuando finalmente se le permitió regresar, tenía que ser una mujer mansa y apacible. El total opuesto al fuerte Gretchen. Cada vida después de eso eran diferentes tipos de mujeres. Ahora puedo ver que si se le hubiesen permitido reencarnarse como hombre, las fuertes tendencias se habrían multiplicado, y esto no se podía permitir. Hubiera sido más difícil neutralizarlos y equilibrarlos. Tal vez en una vida futura ella estará lista para experimentar ser un hombre, después de que su espíritu haya sido acondicionado y preparado para manejar esas cualidades de una manera controlable.

Capítulo 10

Un espiritú creado

Durante la siguiente sesión, ocurrió un incidente aún más extraño cuando surgió una entidad inusual. Habíamos decidido tratar de ver cuán atrás en el tiempo iría Anita. Queríamos saber cuántas vidas había vivido. Esperábamos que fuera mucho más atrás en el tiempo que nosotros. La primera vida de Anita parecía haber sido en los años 1300, principios del siglo XIV, como Gretchen en Alemania.

Habíamos hablado con ella cuando era una forma de espíritu mientras estaba entre sus vidas, pero esta vez fue diferente. Desde el momento en que esta nueva entidad comenzó a hablar, sabíamos que había algo inusual al respecto. Llamamos a este el Espíritu Perfecto. Tenía algo que es muy difícil de describir: una cualidad etérea, inquietante y una cualidad extraterrestrial pero al mismo tiempo, impresionante e inquietante. El impacto total solo se puede sentir al escuchar la cinta. La voz tiene una calidad propia, con un inglés perfecto y cuidadosamente pronunciado, con un tono sugerente de realeza. Otros han sentido esto también, que aquí definitivamente había algo que no era de este mundo. Nos dio la sensación de que nos estábamos dirigiendo a alguien tan avanzado que tenía las respuestas para todo. Ella parecía poseer todo el conocimiento.

Después de reflexionar y probablemente con la consulta de otros más instruidos que nosotros, podríamos haber pensado en preguntas más profundas. Pero apareció sorpresivamente y solo pudimos preguntar lo que pensamos en ese momento. Cualquier cosa que pensaramos preguntar en tales circunstancias seguramente debe parecer trivial. Este es uno de los problemas con la hipnosis regresiva, cuando regresas a una persona, nunca sabes en qué período de tiempo entrarán. Sólo con el tiempo puedes estar preparado para hacer preguntas exhaustivas, después de haber investigado mucho.

Pero, por desgracia, este hermoso espíritu nunca se volvió a encontrar. ¿Se nos permitió por unos breves momentos vislumbrar a un espíritu en su formación, en su estado inicial? No sabíamos lo que encontramos en aquel momento, y seguimos sin saberlo. Pero lo que vimos fue hermoso y maravilloso.

Solo espero que algunos de los sentimientos que generó en nosotros puedan manifestarse en un medio tan pobre como la palabra escrita.

J: Bien, Gretchen, voy a contar hasta tres, y volveremos al año 1250. (Contado) Es el año 1250. ¿Qué estás haciendo?
A: Soy un espíritu.
J: ¿Qué ves?
A: Solo veo lo que está aquí que está bien. Nunca he estado en la Tierra.

Al parecer Johnny no entendió lo que dijo o no estaba preparado para su respuesta.

J: ¿Acabas de llegar a la Tierra?
A: Nunca he estado allí. Pregunta lo que quieras. Lo que sé, puedo decírtelo. Lo que no sé, no se revela, no lo he aprendido. No puedo ayudarte, mi hijo. Como espíritu, estoy feliz aquí.

La voz se llenó de autoridad, y su inglés puro y preciso. Esta personalidad parecía saber exactamente lo que decía, y parecía ser muy superior. Pero Johnny todavía no entendía.

J: ¿Y acabas de regresar a la Tierra?
A: Nunca he estado en la Tierra, hijo mío. Debes haber ido porque me dicen que cuando te vas, pierdes conocimientos. Seré paciente contigo.
J: Gracias.

Johnny hizo una pausa mientras trataba de entender lo que estaba sucediendo.

A: Soy bondadoso y bueno. Tengo toda la virtud.
J: ¿Cuánto tiempo has estado aquí en el espíritu?
A: Desde que fui creado. No cuento los años. Fui creado.
J: ¿Y sabes dónde fuiste creado?

A: ¿Sé que te refieres a un nombre? ¿Un nombre para este lugar?
J: *¿Cómo llamas a este lugar?*
A: No tengo necesidad de llamarlo de ninguna forma. Simplemente sé que estoy aquí; que todo está bien. Tengo lo que necesito. Sé lo que sé y haré lo que me digan. Pero lo puedes llamar cualquier palabra que sea buena. Eso será aceptable para mí.
J: *De acuerdo. Voy a contar hasta tres, y volveremos al año 1150. (Contado) Es el año 1150. ¿Qué estás haciendo?*

Johnny no se dio cuenta de que ella había llegado al principio, y que no iría más lejos.

A: Soy creado, y espero. Ahora conozco la bondad. Fui creado para complacer al creador, y mi espíritu es bueno. No hay maldad en mí.
J: *¿Hace cuánto tiempo fuiste creado?*
A: El tiempo no está aquí. El tiempo no está aquí. Desde el principio de los tiempos he sido creado.
J: *¿Y has estado esperando aquí desde que fuiste creado?*
A: He disfrutado de mucha felicidad aquí.
J: *¿Nunca has sido enviado o llamado a la Tierra o a cualquier lugar en forma de cuerpo?*
A: No, no.
J: *¿Pero crees que alguna vez lo harás?*
A: Todos nosotros, hemos sido creados para complacer al creador, y vamos a ayudar. El desgraciado Padre está tan decepcionado con la familia que él mismo creó.
J: *¿Has visto al Padre?*
A: He visto a mi creador.
J: *¿Has hablado con tu creador?*
A: Habló con todos nosotros.
J: *¿Puedes describirle?*
A: ¿Puedes entender un espíritu?
J: *Lo intentaré.*
A: Es la ligereza. Es el aura de la bondad. Se puede materializar en cualquier momento y en cualquier cosa que quiera. Y el creador puede tocar algo y será lo que él diga. Así es como fui creado. Tomó un poco de bondad, y fui creado. Soy bondadoso, y ahora le complazco. Y algún día iré, y aprenderé y ayudaré a la gente de

la Tierra. A la familia. Estaré allí muchas veces; él me ha dicho esto. Todos debemos irnos, porque solo se crea una cierta cantidad de espíritus, y vivimos una y otra vez. Aprendes cosas malas en la Tierra y las desaprendes. Vuelves puro y bondadoso.
J: *¿Creó el Padre, el creador todo lo que hay en la Tierra?*
A: Él creó la Tierra misma.
J: *¿Y puso todo en ello?*
A: Todo lo que está en la Tierra lo creó él. Él creó la Tierra y más.
J: *Dime, ¿ha creado otros mundos aparte de la Tierra?*
A: Por supuesto, por supuesto; él creó nuestro sol. Él creó la luna. Él creó todos los planetas a su alrededor. Cada uno tiene su propia forma de vida, sus propios espíritus. Solo la Tierra es tan problemática, que nos ha pedido que vayamos a ayudar, y debemos ayudar a la gente de allí. Él los creó. Sabía al crearlos que no harían lo que él les pedía, pero se sintió obligado, en su bondad, al más hermoso de todos los planetas, a darle personas. Un animal con conocimiento, y sabía que no usarían el conocimiento correctamente. Aunque trata de ayudarlos, la gente rechaza la creencia.
J: *Y él creó y puso a las personas en este planeta Tierra. ¿Creó y puso a personas en otros planetas?*
A: No personas como las que conocemos con un cuerpo humano, como lo haré yo en la Tierra. Pero para cada planeta, lo más adecuado para lo que se ha creado allí. Para los planetas que están cerca del sol, ha creado espíritus de fuego que pueden vivir en el calor, y sus cuerpos son diferentes a los de los humanos. Para aquellos más alejados del sol, cuerpos que pueden vivir sin calor. La tierra es su favorita.
J: *¿Y alguna vez puso el Padre un hijo suyo en la Tierra?*
A: El Padre, como te dije, materializa a su voluntad como aquello que desea materializarse. Y así fue; trató de ayudar a la Tierra.
J: *¿Él mismo fue a la Tierra como Jesús?*
A: Una parte suya. Él era uno, pero se convirtió en dos y trató de ayudar. Hace muchos años. Y las personas en aquel entonces, como lo han hecho antes y siempre lo harán, rechazaron la ayuda. La impaciencia del creador es infinitesimal, tan pequeña es su impaciencia, que sigue intentándolo. Él seguirá intentándolo hasta ... hasta el final.
J: *¿Hasta el final? ¿Cuándo es el final?*

A: Oh, en un futuro muy lejano. Cuando llegue el día en que tendrá que vivir él mismo en la Tierra o sacará a todas las personas de la Tierra. No estoy seguro. Él ha intentado en todos los sentidos revelarles, y no aceptan la revelación. Algún día terminará todo, pero pasarán muchos millones de años. Él seguirá intentándolo. Y regresará él mismo algún día, como lo hizo la primera vez.

J: ¿No sabes cuándo regresará?

A: No sé la hora exacta.

J: ¿Sabes cuándo está planeando regresar?

A: Conozco el siglo. Sucederá en el siglo XXI que se enviará a sí mismo como la vez anterior. Pero aparecerá y dirá: "¡Yo soy Dios!" Y será rechazado como antes.

J: ¿Quieres decir que la gente simplemente no le aceptará?

A: Algunos, como pasó la última vez.

J: ¿Aparecerá en forma humana?

A: Primero aparecerá como un espíritu, creo. Y se materializará ante sus propios ojos.

J: ¿Se materializará y tomará la forma humana desde el espíritu?

A: Correcto, correcto.

J: ¿Tendrá otro nombre que no sea Dios?

A: Será Dios. Él se llamará así porque eso es lo que las personas lo han llamado, y lo reconocerán en sus religiones.

J: ¿Será igual en forma humana que la primera vez que estuvo aquí?

A: No. Apareció como aparentaban las personas en aquellos tiempos. No aparecerá como un anciano con una barba larga, como las personas imaginan a Dios. Él aparentará un ser humano muy ordinario. Y ellos explicarán su grandeza como lo hicieron antes.

J: Y él vendrá aquí ... pero ese no es el fin del mundo.

A: Este no es el final del que hablan, no. Él lo intenta muchas veces. Como te dije, su paciencia es grandiosa. No tiene impaciencia con los espíritus. Cuando nos equivocamos, nos deja hacer lo que está mal. Y cuando volvemos, él nos habla, y nos dice que estábamos equivocados. Ahora debemos regresar, y debemos aprender. No debemos hacerlo de nuevo. Fuimos creados bondadosos, y debemos aprender bien. Seremos buenos. Seremos como él es. Como soy ahora.

J: Ya veo. ¿Alguna vez ha hablado Dios sobre el diablo o el mal?

A: Sé que en la Tierra la gente teme a un mal. Lo llaman el Diablo. Satanás. Lo que oyen solo es egoísmo, y cada hombre, cada mujer, lo tiene en sus corazones. Este es el diablo, y cada hombre lo ve diferente. La iglesia ha hecho mucho para crear esta ilusión, pero solo es una ilusión.

J: *Pero la iglesia está allí representando a Dios.*

A: Deben hablarles a las personas en términos que puedan entender y comprender. Ellos no pueden entender cómo pueden ser Dios y ser el diablo a la vez. El conflicto humano es muy difícil de aceptar por sus mentes. Por lo tanto, si se explica simplemente: Hay un Dios que quiere que hagas el bien, y él te ayudará. Y si te dicen: hay un demonio, y él hará que hagas el mal. Es mucho más fácil, mucho más fácil.

J: *¿Entonces no hay cosas como los espíritus malignos?*

A: Hay espíritus que son egoístas. Esto es maligno. Hay espíritus que son celosos. Esto es maligno. La mayoría de estos espíritus, cuando el Padre los trae de vuelta, y regresan a nuestro lugar de descanso, si no pueden ser purificados, los envía a un lugar diferente. Los mantiene alejados de la gente a la que trata de hacer el bien.

J: *¿Sabes dónde envía esos espíritus?*

A: En términos que entiendas, no puedo explicártelo. Está lejos; en el espacio. En un lugar donde no pueden dañar a nadie y solo hay su maldad dañándose unos a otros.

¿Podría ser esto el equivalente del infierno bíblico?

J: *¿Pero está lejos en el espacio?*

A: Es diferente de nuestro sistema solar, ya que lo estás observando aquí conmigo ahora.

¿Dónde y desde qué punto de vista podría estar hablando?

J: *Nuestro sistema solar es parte de muchos sistemas solares, ¿no es así?*

A: Sí, exacto. Estás aprendiendo rápido. Este es uno.

J: *¿Tiene Dios ... eh ... todos los sistemas solares?*

A: No, no.

J: *¿Solo este sistema solar?*

A: Este sistema es suyo y tiene otros, pero no todos.

J: *¿No todos?*

A: No. El controla tanto, la mente humana, incluso mi mente, me dijo, incluso hasta ahora apenas puede aceptar la gran expansión, la magnificencia de él.

J: *Entonces, en otros sistemas solares bajo otros dioses ... ¿hay otros humanos también, como aquí en la Tierra?*

A: Nuestro Dios creó a los humanos, pero estoy muy seguro de que otros dioses podrían crear a otros humanos según su propia forma o basados en sí mismos en condiciones adaptables. Debes entender que la Tierra es única porque la Tierra requiere un cierto tipo de humano, un cierto tipo de espíritu. Cada planeta tiene su propia vida, cada uno el que necesita. Solo Dios en su grandeza conoce cada necesidad. Él sabe que se encargará de todo.

Todo esto no solo fue perturbador, fue muy confuso. Johnny y yo estábamos siendo bombardeados por información a la que nunca antes habíamos estado expuestos. Era hora de volver a terrenos más cómodos, como las diversas vidas pasadas. Johnny decidió retirarse.

J: *Bien ... voy a contar. Veamos, estamos muy atrás en el tiempo. ¿Qué es esto: 1250, 1150?*

A: Puede llamarlo el año que desee. Para mí no hay tiempo. No hay tiempo. El tiempo es para los humanos.

J: *¿Pero, en algún momento en el futuro, serás llamado a ir a la Tierra?*

A: Estoy seguro de que lo haré. Por ahora en mi forma, estoy bien. Y cada nuevo espíritu que viene a la Tierra es todo bondad, y debe aprender sobre todas las cosas que están allí. Yo soy un espíritu creado para la Tierra.

Comprensiblemente, después de esta experiencia algo agitada, nos preguntamos cómo reaccionaría Anita cuando la llevaran al presente y la despertaran. Lo primero que hizo fue bostezar, estirarse, y preguntar: "¿Qué tal una taza de café? Tengo sed". El contraste fue tan dramático que nos echamos a reír. Por supuesto, Anita no tenía forma de saber qué era tan gracioso. Ella no recordaba nada de lo que había dicho y había disfrutado de un buen sueño. Mientras tomábamos una taza de café en la mesa de la cocina, procedimos a contarle lo que acababa de pasar. Estaba completamente asombrada. Ciertamente, esta no era la doctrina de la Iglesia Católica en la que había sido educada, y era demasiado para ella. Era demasiado difícil para ella aceptar que había dicho todo eso. Dijo que era demasiado de una vez, y que quería tiempo para acostumbrarse a ello poco a poco. Así que le preguntó a Johnny si la volvería a poner debajo y borraría el recuerdo de lo que le dijimos, para que no se preocupara por eso. Esto fue hecho antes de que se marchase.

Pero cuando Anita llegó la semana siguiente para la sesión, nos dijo que había estado molesta durante toda la semana. Sabía que el recuerdo de la última cinta había sido borrado por alguna razón. Seguía pensando que debía contener algo bastante malo o terrible para que no hubiera querido recordarlo. Toda la semana se preguntó qué era. Le dije que podría volver la siguiente noche y escuchar la cinta que le había molestado. De esa manera podría ver por sí misma que no había nada que temer, o nada malo. Solo había sido el diferente tipo de teología lo que la había molestado.

Entonces, vino la noche siguiente y le puse la cinta para que se pudiera tranquilizar. Luego aceptó lo que había dicho sin confusión y nunca volvió a molestarse de esta manera en otras sesiones.

Capítulo 11

La vida como un espíritu

Cada vez que Johnny regresaba en Anita a lo largo de sus diversas vidas, se encontraba con varios incidentes cuando era un espíritu en el llamado estado "muerto". En este estado de "entre vidas", a menudo decía que había momentos en los que era llamada a hacer cosas. La voz te dice que vayas a lugares, y no puedes negarte a hacerlo. Naturalmente, sentíamos curiosidad sobre qué tipo de cosas tendría que hacer. Entonces, de vez en cuando, hizo Johnny que ella nos dijera cuáles eran estas tareas. Pensé que se leerían mejor si estuvieran todas juntas en un capítulo en lugar de estar dispersas a lo largo de la narración.

Hemos escuchado sobre los ángeles de la guarda durante toda nuestra vida. Personalmente, siempre tuve la idea de que cada uno tenía uno que se nos asignó especialmente. Tal vez esto sea cierto, pero también surge de nuestras investigaciones que cualquier espíritu que no está ocupado en un momento particular de necesidad puede ser reclutado por la "voz". Ciertamente, los trabajos que Anita dijo que ella tenía que hacer son muy sugestivos de aquellos generalmente asociados con los ángeles guardianes. Cualquiera que sea la respuesta, creo que es muy reconfortante saber que estas entidades están cerca.

Lo siguiente, entonces, es una muestra de lo que es ser un espíritu, según Anita. Personalmente, siento que es mucho más satisfactorio estar haciendo algo como esto después de morir, que flotar en una nube tocando el arpa por la eternidad.

J: Es el año 1810. ¿Qué estás haciendo?
A: Estoy a la deriva, haciendo lo que puedo. He estado en diferentes lugares en este país. Me gusta más aquí.
J: ¿Dónde estás ahora?
A: Alrededor de Nueva York y Boston, como de ida y vuelta. Me gusta aquí.

J: *¿Y has estado en otras partes de este país, dices?*
A: Sí, voy a ir a ver a diferentes personas extrañas que viven aquí.
J: *¿En qué partes del país están estas personas extrañas?*
A: Creo que estaba casi en medio de este país cuando me convertí en un espíritu. No estoy seguro. Fui al oeste de un largo camino. Muy pronto, crucé el río. No sé si lo llaman el mismo país o no. Si no lo hacen, lo harán pronto. Y hay personas que viven allí que son muy diferentes. Básicamente son buenos, pero son salvajes. Ellos no entienden muchas cosas. Miré por allí por un tiempo.
J: *¿Viste dónde vivían?*
A: Si.
J: *¿En qué vivieron?*
A: Son edificios de aspecto extraño. Pueblos, creo que se llaman. Gente muy extraña
J: *¿Estaban hechos de madera?*
A: No. Hay algunos en los soportes, pero son como salidos de la tierra y fuertes, casi como un ladrillo. Suavizado.
J: *¿Dices que estas personas son salvajes?*
A: Bueno, algunas cosas que hacen son diferentes a las personas que viven allá, al otro lado de ese río.

Ella obviamente se estaba refiriendo al Mississippi. Habló de eso casi como una línea divisoria.

J: *Dime qué cosas son diferentes.*
A: Bueno, se ven diferentes, se visten de manera diferente, hablan un idioma diferente.
J: *¿Cómo se visten?*
A: Bueno, apenas usan algo.
J: *¿No tienen ropa?*
A: Oh, bueno, ya sabes. Ellos cubren algunas partes. Pero ellos no usan ropa como allí. Por supuesto, hace mucho calor. Y cazan y matan animales. Fue una experiencia extraña ver a esta gente. Nunca, nunca había entendido algo así antes. Me enviaron allí, y cuando los vi por un tiempo me asusté. No quería nacer allí.
J: *Fuiste enviada allí. ¿Crees que se supone que naciste allí?*
A: No. Fui enviada allí para ayudar. Lo descubrí, pero al principio tenía miedo. Tenía miedo de ser como esa gente. A veces son violentos. (Note el viejo miedo a la violencia.) Pero tuve que

ayudar a alguien. Este hombre estaba cazando y estaba herido. Trató de matar a un animal, y corrió directamente hacia él. Y lo moví de nuevo fuera del camino. Entonces detuve a ese animal. Fue herido; Iba a morir pronto. Simplemente el intentó atacarlo por última vez y lo detuve. Estaba sorprendido, y él ... una cosa sobre esta gente; ellos creen en espíritus.

J: ¿Él sabe qué detuvo al animal entonces?

A: Eso creo. Él le dijo a su gente que el Gran Espíritu lo detuvo. Por supuesto, no soy un gran espíritu, pero él les dijo que el Gran Espíritu extendió una mano y lo detuvo, y así fue como lo hice. Extendí mi mano y le envié el mensaje para que pare, y se detuvo y cayó muerto antes de que se acercara. Creo que lo que realmente lo hizo pensar que era el Gran Espíritu fue porque tuve que devolverlo. Le hice retroceder. Él había estado herido y no podía caminar, y de repente saltó hacia atrás. Al principio lo asustó. Y lo ayudé. Le dije qué hacer para su pierna.

J: ¿Te entendió?

A: Bueno, cuando regresó, pensaron que era extraño la forma en que se había envuelto la pierna, y todo. Pero dijo que una voz le dijo que lo hiciera. Creo que me escuchó. Hizo exactamente lo que le dije. Dijo que fue el Gran Espíritu el que lo ayudó, y ahora creen que, tal vez, esta bendecido. Ellos piensan que el espíritu hablará con él.

J: ¿Era este un hombre mayor?

A: No, esa es una razón por la que lo ayudé. Es muy joven todavía; tiene otras cosas que hacer. No puede morir en este momento.

J: ¿Y una voz te dijo que fueras a ayudarlo?

A: Si, hacemos esto. A veces las situaciones se vuelven muy complicadas y las personas se meten en muy malas circunstancias. Ellos tienen que tener ayuda. A veces no hay nada que un mortal pueda hacer para sacarlos de la situación en la que se encuentran. Entonces solo tenemos que intervenir.

J: Cuando ayudas a las personas y hablas con las personas, ¿siempre te escuchan?

A: No, no. Muchas veces no quieren escuchar. Incluso cuando se concentran más en un problema y se esfuerzan por encontrar una salida. Intentas hablar con ellos, y simplemente no pueden creer. Y a veces, al igual que con ese nativo americano, tuve que hacerlo

mover. A veces, simplemente hacen cosas y no pueden ayudarse a sí mismos o no creen que puedan hacerlo.
J: *¿Pero se te dice que hagas esto?*
A: Nos dicen qué hacer. Simplemente lo sabemos.

* * *

J: *Es el año 1933. ¿Qué has hecho recientemente, June?*
A: Bueno, he estado cuidando de un niño, ayudándolo.
J: *¿Por qué, estaba enfermo?*
A: Estaba enfermo y se escapó de casa. Tuve que llevarlo a casa, por supuesto.
J: *¿Dónde vivió, allí en Chicago?*
A: Oh, no. Esto fue en Tennessee. Era una pequeña ciudad en las colinas. El niño salió corriendo, y se asustó por estar fuera. Le ayudé.
J: *¿No podía encontrar el camino de regreso a casa?*
A: No, él estaba muy asustado. Un niño muy agradable. Hacía mucho frío, no nevaba, pero casi. Le dio neumonía.
J: *¿Tenía ropa pesada para mantenerse caliente?*
A: No, se fue corriendo ese día y hacía bastante calor. Él fue al bosque para que no lo encuentren, y se perdió.
J: *¿Has recuperado al chico?*
A: Oh, sí.
J: *¿Estaban contentos de verlo sus padres?*
A: Si.
J: *Apuesto a que ya no huirá de casa.*
A: No hasta que el clima sea cálido. Creo que huirá de nuevo. Él es un niño muy fuerte de mente.
J: *¿Cómo se llama ese chico?*
A: Jimmy. No sé su apellido. Cuando llegué allí, su madre estaba llorando por Jimmy, así que sabía que ese era su nombre.

* * *

J: *Es el año 1930. ¿Qué estás haciendo?*
A: Estoy esperando que algo suceda.
J: *¿Sabes lo que va a pasar?*
A: Algo va a suceder en unos minutos. Tengo que estar aquí.

J: *¿Se supone que debes hacer algo?*
A: Sí, tengo que ayudar a estos niños.
J: *¿Dónde estás?*
A: Parado junto al río. El río Missouri creo que es.
J: *¿Estás en una ciudad?*
A: No, está en el país.
J: *¿Estás cerca de una ciudad?*
A: Sí. Creo ... Atchinson. Ese es el nombre.
J: *¿Qué va a pasar allí en el río?*
A: Un niño pequeño va a caerse ... y el otro pequeño va a tener que salvarlo. Tengo que ayudarlo. El río es muy profundo aquí, y hay mucha corriente. Este niño pequeño no es muy fuerte. Voy a ayudarlo a salvar a su amigo.
J: *¿Qué están haciendo los niños por el río?*
A: Están pescando.
J: *¿Solo ellos dos?*
A: Sí. Se suponía que no deberían estar aquí. Se supone que están en la escuela. Tenían hambre, querían algo de comer, y pensaron que podían atrapar un pescado para la cena.
J: *¿Son hermanos?*
A: No, creo que son primos. Muy buenos amigos, relacionados familiarmente sin embargo.
J: *¿Viven en la misma casa?*
A: Sí, lo hacen.
J: *Y el niño que va a caerse. ¿Qué hace? ¿Agarrar un pez que lo hala?*
A: El terreno es empinado. Se resbala. El otro chico está asustado. Voy a ayudarlo a no tener miedo.
J: *¿Sabe cómo nadar?*
A: No. Es por eso que tengo que ayudarlo. Él no sabe cómo hacer esto.
J: *¿Qué edad tienen estos chicos?*
A: Creo que son muy jóvenes, tal vez diez o doce, niños muy pequeños. Voy a ayudarlos. ¿Ves lo bueno que nada? Ellos nunca lo sabrán.
J: *Todo lo que sabrá es que simplemente lo hizo.*
A: Es muy divertido. Me gusta este chico.
J: *¿Sabes lo que va a hacer?*
A: No. Creo que crecerá para ser un granjero. Me gustaría hacer algo por él. Creo que le dejaré saber siempre cómo nadar. Él siempre

sabrá a partir de ahora. No lo haré olvidar cómo lo hizo. Sabrá cómo nadar. Le gustará eso.

J: *Apuesto a que el otro chico estaba realmente asustado.*

A: Sabía que el otro chico no sabía nadar. Él no sabía en absoluto. Se van a reír de esto toda su vida. Cómo él no sabía nadar, y él simplemente saltó y nadó. Y siempre después de eso él pudo nadar, dirán. Son buenos chicos. Esto es muy difícil para sus familias, son pobres. Estaban tratando de ayudar. Es por eso que estaban pescando. Su familia está hambrienta.

J: *¿Su familia vive allí en una granja?*

A: Sí. Ellos querían tener algo para comer. Eso es todo lo que querían hacer.

J: *Veamos. ¿Es Atchinson, la próxima gran ciudad en el río?*

A: Esa es la única; está en el río

J: *Y estamos en ... ¿qué estado es este, Missouri?*

A: No, estamos en Kansas. Es muy plano aquí.

J: *¿Hay muchas tierras de cultivo?*

A: Muchas aquí.

Miré en un mapa para ver si Atchison, Kansas, estaba ubicado en un río. Ella tenía razón, está en el río Missouri.

* * *

J: *Supongo que nunca te han llamado para ayudar a gente mala, ¿verdad?*

A: Oh, sí.

J: *¿Ayudas a cualquiera?*

A: Bueno, a veces las personas pasan por diferentes etapas en sus vidas. A veces pasan por un período de ser muy malo, luego cambian. A veces han sido muy buenos, luego cambian y hacen mal. Pero si es necesario, los ayudamos, si aún no es su momento. A veces, los ayudamos con la enfermedad, los ayudamos a hacer las cosas. Ayudé a un hombre que fue malo una vez.

J: *¿Cómo lo ayudaste?*

A: Bueno, era un hombre muy malo, malo, pero ... debe haber tenido mucha bondad en él. Porque un caballo se escapó e iba a golpear a una niña pequeña en la calle. Se arrojó para salvarla. Y cuando la agarró y la empujó hacia atrás, cayó y la pezuña del caballo lo pateó en la cabeza. La gente pensó que él iba a morir, y muchos de ellos se alegraron. Pero fui enviada para ayudarlo. Porque él había hecho algo bueno, iba a cambiar su vida. Y después de eso, toda su vida cambió. Sabía que era como un milagro, lo llamó, se puso bien. Y cambió, comenzó a sentir que había una razón tal vez, se puso bien. La única vez que le sucedió algo afortunado fue justo después de haber hecho algo bueno, por lo que comenzó a cambiar.

J: *¿Dices que era un hombre malo e inicuo? ¿Qué hizo él que fue malo?*

A: Bueno, él había robado dinero. Incluso había matado a algunas personas y se había salido con la suya. La ley no lo alcanzó para probar nada. Engañó a mucha gente. En las cartas, creo que es, que él juega, y él hace trampa. Una vez, tomó la tierra y todo de un hombre. Y el hombre dijo que el juego no había sido correcto. Le disparó al hombre que acaba de disparar. Pero más tarde, después de recibir ayuda, comenzó a cambiar y lamentaba mucho lo que había hecho. Se mudó, pero antes de irse, le dio su dinero al ministro que estaba allí para construir una iglesia. La pequeña ciudad aún no tenía una iglesia. La gente pensó que ser pateado en la cabeza lo volvía loco. Pensaron que era muy extraño que este hombre que tenía tan mala reputación y había hecho tantas cosas malas, de repente cambiara. Hablé con él mientras estaba enfermo. Hacemos eso a veces cuando una persona está enferma. Tratamos de ayudarlo. Nos hablan entonces. Parece que es más fácil para una persona entonces. A veces no lo recuerdan cuando se mejoran, otras lo hacen. Pero podemos decirles cómo ayudarse a sí mismos. Incluso a veces, cuando no recuerdan habernos hablado más tarde, recuerdan lo que les dijimos. Eso es lo importante.

J: *¿Dices que están enfermos y les dices cómo ayudarse a sí mismos? Bueno, ¿cómo fue esto? Dices que este hombre fue pateado en la cabeza. ¿Cómo podría ayudarse a sí mismo con su herida?*

A: Tenía la cabeza lastimada y podía ponerle las manos encima ...

J: *Entonces arreglaste su cabeza. Quiero decir, no le dijiste cómo arreglarlo él mismo.*

A: No. Hablé con él. Estaba loco cuando fui allí. La gente pensó que estaba delirando y cuando salieron de la habitación, hablé con él. Y puse mis manos sobre él ... tomé la presión del cerebro. El hueso se agrietó un poco, y allí se formó un pequeño coágulo de sangre. Me lo llevé y luego, le dije que iba a descansar y dormir por casi 48 horas. Y cuando despertara, estaría perfectamente normal. Y hablé con él sobre las cosas que había hecho. Él escuchó.

J: *¿Lo hiciste mirar atrás en lo que él había estado haciendo?*

A: Sí. Lo dejé allí junto a él y a mi lado, y volvimos a mirar algunas de las cosas que había hecho. Y lloró, y lo lamentó mucho. Luego volví a poner su espíritu en su cuerpo y reparé su mente. Él podría continuar; eso es lo que lo cambió. No fue algo que el médico hizo porque no pueden hacer nada por eso. El coágulo de sangre se estaba formando allí, y no sabían qué hacer. Ni siquiera pueden verlo. Muchas veces, estos doctores ni siquiera saben que está allí.

J: *¿Pero ves esto o te lo dicen?*

A: Bueno, me dijeron que estaba herido y necesitaba ayuda.

J: *Quiero decir, el coágulo de sangre ...*

A: Y cuando lo miré, pude ver cuál era el problema. Sabía que si ponía mi mano sobre eso, lo sanaría. Nunca había hecho eso antes, pero ...

J: *¿Te han dicho que puedes hacer esto?*

A: Sí, puedo. Casi todos los días parece que descubro algo diferente que puedo hacer.

J: *Si, hay mucho que aprender.*

A: Hay mucho que aprender, eso es correcto. Ya verás.

J: *¿Pueden todos los espíritus hacer esto?*

A: Cuando es necesario para ellos ... creo que podrían. Creo que todos pueden. Todos con quienes he hablado pueden. Todos con quienes han hablado pueden. Es solo una ... Creo que es la naturaleza de los espíritus hacer estas cosas. Se supone que debemos.

* * *

El siguiente incidente fue inusual porque, aunque nunca le dijeron que lo hiciera, Anita volvió al mismo evento en tres ocasiones distintas. Ella dijo esencialmente la misma historia cada vez, aunque en diferentes palabras. Los he combinado aquí en uno.

J: *Es el año 1810. ¿Qué ves?*

A: Una ciudad. Algunos edificios

J: *¿Qué estás haciendo?*

A: Estoy esperando algo.
J: *¿Has estado esperando mucho?*
A: Oh, realmente no lo sé. No puedo decir la hora como antes.
J: *¿Dónde estás?*
A: Estoy aquí, en Nueva York. Estoy esperando que pase algo. Algo sucederá pronto. Algo malo. Cuando suceda, ayudaré.
J: *¿Este es el año 1810? ¿Qué mes y día es esto?*
A: Esto es en marzo ... el 18.
J: *¿Y no sabes lo que va a pasar?*
A: Pronto comenzará a nevar. Y empeorará y empeorará. Y una niña se asustará, estará muy asustada. Sí, voy a ayudar a una niña pequeña, creo que sí. La he visto ahora por un tiempo. Ella es una niña muy agradable, muy amable.
J: *¿Qué está haciendo ella?*
A: Bueno, ella vive en una granja. No es mucho lo que ella está haciendo ahora. Ella es... antes de morir, va a ser importante. Ella hará algunas cosas y ayudará a mucha gente aquí en esta ciudad. Esto esta todo planeado. Va a estar en peligro. Tendré que salvarle la vida para que no muera. Se asustará, estará muy asustada. Y la ayudaré a llegar a casa.
J: *¿Cómo sabes que se acerca este peligro?*
A: Sabemos cuándo van a suceder las cosas. A veces, cuando llegamos por primera vez a un lugar y miramos por un tiempo, lo sabes. Y supe cuando vi a esta niña pequeña que ella era a la que tenía que salvar. Y cuando la miré, vi todas las cosas que ella iba a hacer en su vida.
J: *¿Conoces el nombre de esta niña?*
A: No, yo no. Supongo que podría averiguarlo. Yo...
J: *Bueno, eso no es realmente importante, ¿verdad?*
A: No, no es importante qué nombres tienen. Ella va a ayudar a muchas personas en esta ciudad. Creo ... oh, sí ... se casará con alguien muy rico. Y ella ayudará a muchas personas pobres, y esto es muy importante. Y creo que va a ayudar a algunas personas que se escaparon, algunas personas negras.

Supuse que ella podría haber estado refiriéndose al ferrocarril subterráneo de Canadá, que ayudó a los esclavos fugitivos a escapar de sus amos antes y durante los años de la Guerra Civil (1860).

A: Y ella va a ayudar a la gente pobre aquí en esta ciudad. Entonces es importante que ella viva. Tenía miedo de salir esta mañana. Los niños sienten las cosas más que los padres a veces.

J: *¿Ella sabe que algo va a pasar?*

A: Sí. Está un poco asustada, ¿y su madre la envía a... la escuela? Sí, es la escuela. Ella va a la escuela.

J: *¿Le va a pasar algo en el camino a la escuela?*

A: Sí. Comenzará a nevar cuando llegue a la escuela, y va a nevar mucho. No están esperando nieve. Han pasado unos buenos días y comienzan a pensar que es primavera y ya no va a nevar. Pero va a entrar y dejarán salir temprano a los niños que tienen un largo camino por recorrer. Ella va a estar afuera con toda esa nieve. Si no la ayudo, podría caerse en la nieve, perderse o morir congelada. Está muy asustada y sola, así que la ayudaré.

J: *¡Bien! ¿Vas a guiarla a casa?*

A: Sí. Voy a tomar su mano y ella sentirá que ha tenido un estallido de fuerza, como un segundo viento, y los pasos serán más ligeros. Voy a llevarla un poco y ayudarla. Dándole algo de fuerza extra que ella necesita, para que llegue a casa.

J: *¿Le queda un largo camino por recorrer?*

A: Sí, tiene casi dos millas. No quiero que le pase nada ahora. Más tarde, la gente le preguntará cómo lo logró. Y ella les dirá: "No sé, solo con caminar". Antes de llegar a casa, la nieve estará cerca de su cintura. Está soplando muy duro. El último tramo antes de la casa, algunos lugares que los caballos ni siquiera han abierto.

J: *¿Ella llegó a casa segura ahora?*

A: Sí, ella está a salvo. Tenían miedo incluso de ir a buscarla en esa tormenta de nieve. Estaban tan sorprendidos de verla.

J: *¿Sabía ella cómo lo hizo?*

A: No, ella nunca lo sabrá. Ella solo lo hizo, es todo lo que dirá. Su madre siente que fue una oración contestada ... y tiene razón.

Como nos habían dado una fecha: el 18 de marzo de 1810, escribí en la oficina meteorológica del estado de Nueva York para ver si tenían algún registro de una tormenta de nieve severa e inusual en esa fecha. Otra vez llegué a un callejón sin salida. Respondieron que no podían ayudarme porque sus registros meteorológicos no van tan lejos.

* * *

J: *Es el año 1934. ¿Qué estás haciendo ahora?*
A: He estado buscando por todas partes.
J: *¿Qué has estado buscando?*
A: Quiero ver cosas. Me encanta ir al Este, me gusta el Este, es muy hermoso allí. Me gustaría vivir allí algún día.
J: *¿Junto al agua?*
A: Sí, veo mucho el agua.
J: *¿Alguna vez has estado allí antes?*
A: Creo que hace mucho tiempo que debía haber estado aquí. Me siento muy cerca de este lugar.

Ella vivía cerca de esa área como Sarah. También se mudó de Beeville, Texas a Maine en la década de 1970. Esto podría haber cumplido su deseo de vivir en el Este algún día.

J: *¿En qué parte del Este estás?*
A: en el norte. Amo las montañas, los árboles y el agua. Es muy hermoso aquí. Tenía que venir aquí ... No estoy seguro de a qué hora. Es muy difícil decir la hora. Pero vine aquí para ayudar a alguien que se cayó, se perdió.
J: *¿Se cayeron?*
A: Sí, en la nieve. Y los ayudé a volver a la fiesta en la que estaban. Entonces pensé que me quedaría aquí todo lo que pudiera.
J: *¿Quedarse ahí hasta que te llamen otra vez?*
A: Sí, es muy lindo aquí y me gusta mirar a la gente.
J: *¿Qué están haciendo las personas?*
A: Bueno, me gusta ver los que están aquí. Vienen a este lugar y ponen cosas divertidas en sus pies y se deslizan por una colina. Se ríen y son personas muy felices.
J: *¿Se ponen algo en los pies y se deslizan por una colina?*
A: Sí. Me gusta mirar eso. Me gustaría hacer eso, creo, pero no puedo hacer que nada se quede conmigo así. Ya intenté eso.
J: *¿Intentaste ponerlos en tus pies?*
A: Fue muy gracioso. La gente estaba muy asustada cuando sucedió.
J: *¿Qué pasó?*
A: Vi a un hombre dejar estas cosas, y fui hacia ellas y las puse en el suelo. Esto sorprendió a todos, ellos pensaron que habían caído.

Me costó mucho sacarlos por la puerta. No estoy seguro de cómo esta gente hace esto. Creo que los ponen afuera. Si no hubiera podido cruzar la puerta, nunca lo habría hecho. Tuve que sacarlos, abrir la puerta, volver y ponerlos. No podía llevar las cosas a través de la puerta sin causar una gran conmoción. Traté de que no se dieran cuenta, pero todos parecían verme. Cuando vieron esos esquís atravesar la puerta, estaban muy asustados. Los cuatro se quedaron allí asustados. Y cuando salí, comenzaron a resbalarse y resbalar horriblemente. El pobre hombre tuvo un tiempo terrible para encontrarlos.

J: *(Risa fuerte) ¿Tenía que buscarlos por todos lados?*

A: Bueno, uno estaba bastante cerca, atrapado en un árbol. Pero él se rió y se rió después de eso. Dijo que pensó por un minuto que había un fantasma, pero que un fantasma habría podido mantenerlos.

J: *Él no sabe mucho, ¿verdad?*

A: No, no creo que alguna vez haya visto un fantasma. No parece saber. Fue muy difícil, pero fue divertido. Voy a intentarlo de nuevo a veces. Estas personas ya no vuelven a ese lugar.

J: *¿No?*

A: Era una casita, pertenecía a un hombre. Tienen la llave para un fin de semana. Ellos seguramente se asustaron.

J: *No pensaron que esos esquís pudieran hacer eso.*

A: No. Ellos no entendieron lo que estaba pasando. Pensé que todos estaban ocupados. Iría directamente con ellos y nadie lo notaría. Pero los escucharon. Muy gracioso, se rieron de eso. Sus chicas estaban muy asustadas, muy asustadas. Se fueron justo después de eso. Se marcharon en la oscuridad y arrancaron. Querían quedarse allí, pero todos se fueron enseguida, tan pronto como encontraron sus cosas. Empacaron sus ropas y se fueron.

J: *¿Cómo se fueron de allí? ¿estaban conduciendo?*

A: Vinieron en un automóvil y un tren. Vinieron de... de una gran ciudad. Vi a esa chica después de eso por un tiempo. Ella se fue a casa y estaba muy asustada. Sabía que no debería haber estado allí. Pensó que por eso sucedió. Fue a un lugar embrujado. Era una niña muy bonita, de unos 18, 19 años.

J: *¿Dices que sabía que no debía estar allí?*

A: No. Fue con alguien con quien no debería haber estado allí. Ella pensó que era un castigo. Entonces la seguí. Iba a contarle lo que pasó, pero nunca pude hablar con ella. La observé por un momento, y una vez que traté de hablar con ella, no pude hacer que me escuchara. Ella estaba muy asustada. Todo parecía asustarla mucho. Pero eso fue hace un tiempo. Regresó a veces a ese lugar y observó a las personas que vienen allí. Aún lo llaman embrujado. Ellos piensan que fue un fantasma.

Este incidente mostró que incluso un espíritu puede tener sentido del humor y puede tomarse su tiempo para divertirse. No sonaba mucho como los fantasmas de miedo que nos hemos acostumbrado a escuchar acerca de toda nuestra vida.

J: Dime, ¿hay espíritus para los diferentes animales?
A: No como yo. No son espíritus; son un tipo diferente de ser en total. Sienten cosas, tienen una inteligencia que los humanos no entienden en absoluto.
J: ¿Ellos no tienen un espíritu?
A: No como la gente. Los humanos son muy estúpidos con los animales. Piensan que si el animal es inteligente, hará lo que la persona quiere que haga. A veces, los animales son más inteligentes. Si pueden sentir el peligro, no hacen las cosas que la gente quiere que hagan.

* * *

J: Es el año 1930. ¿Qué estás haciendo?
A: Bueno, acabo de estar aquí por un tiempo.
J: ¿Dónde estás?
A: Me dijeron que el nombre de esta ciudad era Seattle.
J: ¿Es una gran ciudad?
A: Oh, de bastante buen tamaño. Muchas flores bonitas
J: ¿Qué estás haciendo aquí?
A: Bueno ... ¿ves a esa mujer de allí? Ella va a ser atropellada por un auto. No puedo evitar que el auto la golpee. No puedo detener eso. Cuando ella sea golpeada, la cuidaré.
J: ¿Ah, entonces ella no muere?
A: Eso es.
J: ¿Pero no puedes evitar que el auto la golpee?

A: No, no puedo hacer eso. Es parte de la vida del joven que conduce este coche. Golpeará a esta mujer y va a creer por un tiempo que ella va a morir.

J: *Oh, esto es algo que le va a pasar a él. ¿Tiene que suceder?*

A: Tiene que ser así. Él va a huir de esto. Estará muerto de miedo de que esta mujer muera. Pero la ayudaré, ayudaré a que el dolor no sea tan malo, la ayudaré a volver a su casa. Se sentirá mal por un momento y voy a ponerla a dormir. Y cuando se despierte, no va a estar herida en absoluto. No va a haber nada sobre esto en los periódicos, pero ese chico tendrá que preocuparse por un largo tiempo. Le hará pensar en cómo ha estado viviendo.

J: *¿Cómo ha estado viviendo?*

A: A él no le importa lo que hace o a quién daña. Esto lo asustará.

J: *La mujer será golpeada ... pero supongo que no va a ser golpeada demasiado fuerte, ¿o sí?*

A: Oh, él va a golpearla muy fuerte. Debe ser lo suficientemente fuerte como para creer que la ha matado. Él debe creer en su mente que la ha matado. Regresará a este camino después de un tiempo, cuando no vea nada en el periódico. Conducirá de regreso arriba y abajo por esta carretera en busca de esta mujer. Pero ella no estará aquí. Va a ir a ver a su hija. Se irá por un largo tiempo, y tendrá una buena visita. Este chico, va a estar muy preocupado. Va a vivir toda su vida para compensar el asesinato de esa pobre mujer.

Es sorprendente darnos cuenta de que una serie de eventos maravillosamente complejos se tejen constantemente a nuestras espaldas sin nuestro conocimiento. Parece que todo tiene un significado, si no en nuestras vidas, luego en el de otra persona. También es tranquilizador que una inteligencia superior está haciendo un seguimiento de todo.

Chapter 12

Un Espíritu mira al Futuro

Ealgunas de las primeras sesiones, mientras estaba en el plano espiritual, Anita hizo referencias que podía mirar a las personas y ver cosas sobre ellas. Por ejemplo, cuando murió en la vida de Chicago y estaba esperando la muerte de Al, dijo que podía mirarlo y ver qué le iba a pasar. Nos intrigó la idea de si ella podría hacer esto de forma experimental. Sin duda sería interesante intentarlo. Como parecía ser una habilidad asociada solo con la forma espiritual, tendría que ser llevada a un período entre vidas. La primera vez que probamos esto, había retrocedido a lo largo de las vidas de June y Jane hasta 1810. Aquí nos detuvimos, y nos estaba hablando de la vida como un espíritu, partes de ello se informó en el capítulo anterior.

J: *¿Cuántos espíritus hay?*
A: ¿Aquí mismo? Hay varios.
J: *¿Pueden verse el uno al otro?*
A: Oh, sí. ... Hablamos entre nosotros.
J: *¿De qué hablais?*
A: A veces cosas que hemos hecho, o hacia dónde vamos, o lugares donde hemos estado.
J: *¿Puedes describirme uno de estos espíritus?*
A: ¡Pues ... elige uno!

Johnny siguió con lo que decía, porque obviamente no podía ver lo que ella estaba viendo.

J: *Ese parado allí.*
A: ¿Ese? Ah, es agradable. Es un hombre muy amable. Lleva siendo un espíritu durante varios años. Creo que se ve muy parecido a cuando estaba vivo. Por supuesto, un espíritu no ... ya sabes ... bueno, ya me ves. Soy ... bueno, creo que la palabra es

"transparente". Puedes ver a través de mí. Puedo ver a través de él. Puedo ver a través de otros espíritus. Es gracioso cómo podemos ser así y tener suficiente fuerza para hacer cosas. Cambiamos mucho. ¿Llevas siendo un espíritu durante mucho tiempo?

J: *(Sorprendido por su pregunta.) No, seguro que no.*
A: Bueno, lleva tiempo acostumbrarse.
J: *Seguro que sí. Esto es muy extraño.*
A: (Sonó muy tranquilizadora.) No te asustes.
J: *Intentaré no hacerlo. ¿Te ha dicho el hombre el por qué le llamaron aquí?*
A: Pues, lleva por aquí bastante tiempo, y ha ayudado a algunas personas. Creo que ahora está esperando para volver a nacer. Sabe a dónde va. Todavía queda un tiempo, pero va a nacer de nuevo.
J: *¿Cómo lo sabe?*
A: Se lo han dicho; lo siente No puedo describir este sentimiento. Te acostumbrarás. No es como cuando estabas vivo y alguien dijo algo y lo escuchaste con tus oídos. O si una persona estaba lejos tuyo y su voz sonaba débil. Escuchas esta voz como si estuviera allí contigo. Oyes la voz y principalmente la sientes. Pero siempre es muy exacto, no es impreciso. Sabes exactamente lo que se supone que debes hacer. Y a veces incluso podemos hablar entre nosotros, sin siquiera decir una palabra, como si te estuviera hablando ahora. A veces también hacemos eso. Solo depende.
J: *(Decidió que era la hora de probar el experimento.) Dime, ¿puedes ver más adelante?*
A: Bueno, sí, si tratamos de concentrarnos. Si realmente necesitamos saber, o si queremos saber, podemos verlo. A veces, le digo a la gente lo que va a pasar, para tranquilizarlos.
J: *¿Puedes mirar hacia adelante ahora mismo y ver algo que va a suceder y decirmelo?*
A: Sobre ti ... o sobre el país, o ...

Johnny tenía la intención de averiguar sobre el país primero, pero cuando ella dijo eso, tuvo demasiado curiosidad.

J: *Sobre mí. ¿Puedes ver algo sobre mí que va a pasar?*

A: Déjame concentrarme. (Pausa) Puedo decirte algunas cosas. Puedo ver que no eres un espíritu. (Sorprendida) No sé qué es esto. ¡No eres un espíritu!

J: *¿No?*

A: ¡No! ¡Estás vivo! Pero no en este momento [1810]. Vivirás muchas más vidas que en la que estás ahora.

J: *¿Estoy en mi primera vida?*

A: No, no. Has vivido muchas vidas antes de esta. Y vivirás muchas más.

J: *¿Puedes decirme qué voy a hacer en esta vida?*

A: Bueno, es muy extraño porque me estás hablando desde una vida diferente, un tiempo diferente. Creo que estás viviendo ... ¡en el futuro! Desde mi punto de vista. No sé hasta dónde. Pero puedo verte como creo que te ves. Y puedo decirte, en esa vida, vas a vivir una vida muy, muy larga. Básicamente eres una muy buena persona. Hay algunas cosas que haces que no son exactamente las correctas. Hay cosas ... pero básicamente, las lecciones están empezando a llegar. Has aprendido mucho.

J: *¿Y dices que voy a vivir una vida larga?*

A: Sí, creo que vas a vivir hasta que seas viejo. Cuando te miro veo a un hombre muy viejo. Tienes nietos ... no, hay bisnietos. Tienes bisnietos. Vivirás mucho más de lo que la gente vive en esta época. Esa fue una forma en que sabía que estabas en el futuro.

Él le preguntó dónde estaría viviendo y ella describió el lugar. Una cosa extraña que dijo fue que el estado en el que nos establecimos no era un estado en ese momento [1810]. Al final nos establecimos en Arkansas, que aún no existía como un estado en el momento de la una regresión. Además, nadie sabía a dónde nos queríamos mudar cuando nos retiráramos de la Marina. En aquel momento, ni siquiera estábamos seguros de nosotros mismos, y pensamos que pasarían varios años antes de que tuviéramos que preocuparnos por ello. Ella pasó a describir nuestro sitio en el campo a la perfección. Como Johnny estaba interesado durante ese tiempo en hacer trabajos de reparación de radio y televisión a tiempo parcial además de su trabajo normal en la Armada como controlador de aeronaves (operador de radar), le preguntó qué tipo de trabajo haría. Ella se molestó e incomodó. Dijo que era algo muy extraño para ella.

A: Es en esa época. Tiene cables ... tubos. Es extraño ... aterrador. Eres una persona diferente. Nunca había hecho eso ... así. Es muy confuso cuando veo cosas que no entiendo. Estos tubos son muy raros. Tiene que ver con el futuro, muy lejano. Van a empezar a trabajar con esto, creo, en otro siglo. Creo que sobre 1930 comenzarán a trabajar en ello. Esto es en lo que trabajarás en tu vida laboral.

J: *¿Supongo que lo disfrutaré, entonces?*

A: Te va a gustar. Tengo la sensación de que eres muy feliz en esta vida. Tienes algunos problemas, pero no son graves. Bueno, ya sabes, cada persona que está viva piensa sus problemas son grandes. Pero en comparación con los problemas que podrías tener, estos son pequeños. Esta vida es más tranquila que tus últimas vidas.

J: *Veamos, ¿se supone que debemos renacer de vez en cuando y aprender nuevas lecciones?*

A: No hay un tiempo establecido. Pensé que al principio había pero no hay

J: *¿Pero entiendo que tenemos lecciones para aprender?*

A: Sí, tienes que aprender algo nuevo cada vez. Estás aprendiendo cosas ahora en esta vida, que debías haber aprendido la última vez. Veo la bondad a tu alrededor, estás aprendiendo. Es por eso que vas a vivir mucho tiempo. Conseguirás mucho en esta vida. Y en las próximas vidas será cada vez un poco más fácil. En tus próximas vidas, encontrarás diferentes problemas, pero cada vez la vida parecerá ser más tranquila, y parecerá que estás logrando mucho más y haciendo cosas más importantes. Esto es lo que veo cuando te miro. ... Pero es inquietante.

Debido a que parecía tan molesta por ver cosas tan lejanas en el futuro que no entendía, Johnny nunca hizo que hiciera esto tan atrás en el tiempo. Posteriormente, cuando probamos este tipo de experimento, él la llevó de vuelta solamente a la década de 1930, su estado espiritual más reciente, y no pareció perturbarla demasiado. En estos momentos, ella nos contó otra vez sobre nuestro futuro, y también quiso saber sobre el suyo. Cuando habló de su propio futuro, dijo que podía seguir a su espíritu con dificultad. Habló de verse a sí misma, como si mirara a un extraño, muy objetivamente. Todo esto fue muy interesante para nosotros desde un punto de vista personal.

Sin embargo, pensamos que deberíamos tratar de descubrir algunas cosas que preocupara a más personas. Lo que iba a pasar en nuestro país, por ejemplo. Cabe recordar que estas sesiones ocurrieron a mediados de 1968.

Anita regresó a 1930 y estaba en el estado espiritual entre vidas.

J: *¿Puedes concentrarte y ver hacia adelante muchos años y decirme qué va a pasar?*
A: Puedo intentarlo Nadie me lo había pedido antes. A veces, sé lo que va a suceder. A veces, lo veo muy claro. Concentrarme muy fuerte. Solo hago eso cuando trato de ayudar a la gente. Busco algo específico, trato de encontrar algo que les dé coraje, o que los anhele o los ayude. Así que trato de mirar hacia adelante para esa persona. A veces, cuando lo hago, veo cosas que afectan a muchas personas.
J: *Eso es lo que estaba pensando, si pudieras mirar hacia el futuro y ver lo que este país va a hacer, que afectaría a muchas personas. Probablemente les gustaría saberlo. Veamos, estamos el año 1930? ¿Puedes mirar hacia adelante a 1968? Eso sería 38 años por delante.*
A: Es un año muy malo. Muchas cosas malas están sucediendo. Habrá muchas guerras.
J: *¿Va a ir este país a la guerra?*
A: Sí. Muchas personas mueren, las familias dolidas. Habrá dos guerras en 1968.

Esto fue una sorpresa. Todavía estábamos peleando en Vietnam, pero ¿en qué otro lugar?

A: Sí, pero ellos no los llaman guerras. No van a llamarlo una guerra, pero es una guerra. Hay dos países contra los que lucharemos.
J: *¿Puedes decirnos qué dos países están en guerra con este país?*
A: Bueno, luchamos contra un país, pero no es contra el que realmente estamos luchando. Luchamos en dos países, pero el mismo país inició ambos. Luchamos contra ... Rusia.
J: *¿Estamos luchando contra Rusia?*
A: Ambas veces, pero en diferentes lugares, en diferentes países. No luchamos aquí, y no luchamos en Rusia. Vamos a luchar en países diferentes a esos.

J: *¿En qué países están luchando?*
A: Han estado luchando en uno durante mucho tiempo, más tiempo de lo que nadie sabe. Indochina ... Vietnam. Hemos estado luchando mucho antes del año 1968, durante ... diez años han estado luchando allí.
J: *¿Eso está en Indochina?*
A: Fue Indochina en un momento dado, cambiaron el nombre. Se llama Vietnam.
J: *¿Y el otro país?*
A: El otro país será más tarde en ese mismo año. Comenzaremos una guerra en Corea.
J: *(Sorprendido) ¿En Corea?*
A: Sí. Luchamos contra este país anteriormente, hace casi 20 años, y otra vez pelean. Comenzará en el año 1968. Lo veo en el 68, a finales de otoño ... Creo que para el Día de Acción de Gracias en noviembre. Hay muchas personas enfadadas porque la guerra comenzó recientemente.
J: *No hay mucho por lo que agradecer, ¿verdad?*
A: No.

Como ahora sabemos, no volvimos a la guerra con Corea, pero el Incidente de Pueblo ocurrió ese año. ¿Fue una guerra evitada por la acción que se tomó entonces? Para aquellos que no recuerdan lo sucedido, algunas palabras de explicación pueden servir. Del Anuario de Collier's Encyclopedia para 1968:

La atención internacional se centró en Corea en enero cuando las fuerzas coreanas se apoderaron del Barco de inteligencia naval Pueblo de los EE. UU. Afirmando que la embarcación había sido tomada mientras se introducía en las aguas costeras (una carga negada por los Estados Unidos), el gobierno de Corea del Norte continuó reteniendo el barco y 82 miembros de la tripulación a pesar de los esfuerzos del gobierno de los Estados Unidos para obtener su liberación. El hecho llevó a un fortalecimiento de fuerzas protectoras de los Estados Unidos en Corea del Sur. Mientras tanto, según informes, los norcoreanos estaban construyendo su propia posición militar, y existía el temor de que uno u otro lado estuvieran tentados a una provocación que pudiera conducir a la reanudación de las hostilidades a gran escala. Sin embargo, la histeria de la guerra disminuyó, ya que quedó claro que los Estados Unidos no tenían planes de tomar medidas beligerantes para liberar al barco y su tripulación. Corea del Norte liberó a la tripulación de Pueblo en diciembre, después de llegar a un acuerdo con los Estados Unidos en el que Estados Unidos firmó una falsa confesión de espionaje mientras lo repudiaba públicamente. Tal compromiso aparentemente no tiene precedentes en el derecho internacional.

J: *El año 1968. Ese es un año en que este país espera un nuevo presidente, ¿no es así?*
A: Podría ser, podría ser.
J: *¿Puedes mirar hacia finales de 1968 y comienzos de 1969? ¿Puedes ver quién está siendo elegido presidente de este país? Fue elegido en noviembre, ¿verdad? ¿Y toma el cargo en enero?*
A: No lo sé. Nunca veo política. No me gusta.

En esta vida, Anita está muy interesada en la política y quería que averigüemos todo lo que podamos sobre las próximas elecciones.

A: Pero veo al presidente. Esto es diciembre. Este sería el Presidente ahora en 1968. Pronto habrá uno nuevo en la oficina, pero no hasta el próximo año. No me gusta este. Otra persona ha sido elegida. Este hombre, este hombre es muy malvado ... mucho negro a su alrededor.
J: *(Esto fue una sorpresa.) ¿Cómo se llama?*
A: Ese hombre que está en el cargo ahora, hablo de él. Su nombre comienza con una J (¿Johnson?).
J: *¿Y él es el que tiene el mal a su alrededor?*
A: Sí, está en muchas cosas que no debería estar. Ha causado muchos problemas para el país.
J: *¿Continuará siendo presidente el próximo año?*
A: No, habrá un hombre diferente el próximo año.
J: *Mira hacia adelante e imagina a ese hombre. ¿Puedes ver a ese nuevo presidente?*

Esto fue muy tenso. El suspenso me estaba matando.

A: Le veo.
J: *¿Qué aspecto tiene?*

A: Es alto ... y oscuro.
J: ¿Tiene algo negro a su alrededor?
A: No, no es así, pero está confundido. Es un hombre débil. Esta fue una mala elección.
J: ¿Cómo se llama?
A: Nixon.

Esto fue una gran sorpresa, porque Nixon no había anunciado su candidatura ni había dicho nada sobre ello en este momento. Se suponía que Robert Kennedy sería elegido con poca oposición. Su éxito estaba casi garantizado.

J: Y dices que hay una guerra con Vietnam e Indochina. ¿Puedes ver el final de esa guerra?
A: Comenzará a terminar. Comenzarán las conversaciones ese año. Y la personas quieren que nuestra gente vuelva a casa, pero todavía estarán allí. Y todavía habrá peleas durante todo el '68. Vamos a tratar de salir de allí, pero estamos muy involucrados, más de lo que nadie sabe. Más de lo que la gente de este país sabe. Habrá conversaciones de paz en este año '68, pero pasará mucho tiempo para que todas las personas salgan de ese país para regresar a casa. El otro comienza muy pequeño, cosas triviales. No lo llaman una guerra, pero yo sí. Es una guerra. Durante todo el '68 está en guerra ... un año muy malo.
J: ¿Y este nuevo hombre que va a ser presidente, no podrá detener las guerras?
A: Es un hombre débil, y están tratando de ayudarle. Le empujó de la manera menos objetable. Él no tiene mucho poder. No puede hacer lo que quiere hacer. Y a veces se siente confundido en cuanto a quién tiene que escuchar. Va a intentarlo con mucha fuerza, y tiene una buena ayuda. Sin embargo, se suponía que no debería haber sido presidente. Fue una mala elección.
J: ¿Quién se suponía que debía haber sido presidente?
A: El hombre que se suponía que era muy diferente de él. Es más pequeño ... rubio. Debería haber sido presidente esta vez.
J: ¿Estaba tratando de ser presidente, y el otro hombre lo consiguió?
A: Se contuvo demasiado tiempo. Debería haberlo hecho, pero aún no estaba seguro si estaba listo para serlo.

No estábamos seguros de si estaba hablando de Robert Kennedy, o tal vez de Gerald Ford. Esto nunca fue aclarado.

J: *¿Ves algo más importante sucediendo? ¿Algo que pueda afectar a mucha gente?*
A: Personas haciendo daño a otras personas. Una gran cantidad de disturbios. Van a tener muchos ese año.
J: *¿Hay algún disturbio que sea grande?*
A: El más grande será ... parece que en Chicago.
J: *¿En qué época del año está pasando esto?*
A: Un verano muy caluroso.
J: *¿Es un disturbio con las personas negras?*

Hubo muchos ocurriendo durante la década de 1960.

A: También hay otras personas involucradas. Algunos blancos, negros ...
J: *¿Los blancos están causando los disturbios?*
A: Algunos de ellos lo están causando.
J: *¿Por qué crees que lo están haciendo? ¿Puedes ver?*
A: Creo que es para debilitar el país. Quieren mostrar cuán fuertes pueden ser. Son personas muy egoístas ... usan a los negros para su ventaja.
J: *¿Son estas personas de este país?*
A: Algunos ... algunos. Llevan aquí mucho tiempo, están muy infiltrados en nuestras vidas.
J: *¿Haciendo muchos disturbios?*
A: Sí. Mucha turbulencia .... Ohh ... No me gusta ese año. Muy pocas cosas buenas en ese año. Tantas personas mueren inútilmente. Mil novecientos sesenta y ocho será desastroso, muy problemático y muy malo.

Pensamos que estaba hablando de un disturbio racial en Chicago ya que parecía la conclusión más obvia. Todos nos sorprendimos cuando nos sentamos alrededor del televisor en agosto de 1968, y vimos los disturbios que tuvieron lugar en las calles fuera de la Convención Nacional Demócrata en Chicago. Era tan grave que varios miles de guardias nacionales y tropas de la reserva federal fueron llamados para ayudar a la policía. Los medios de comunicación consideraron que uno de los factores que hizo que estallara fue que Chicago estaba experimentando uno de los veranos más calurosos de la historia. Mientras Anita estaba sentada con nosotros observando a la policía antidisturbios luchando contra los alborotadores, dijo que tenía una sensación muy extraña. "He visto todas estas escenas antes", dijo.

Luego, a medida que las campañas electorales avanzaban hacia el verano y el otoño, parecía muy extraño. Fue una sensación anticlimática. Toda la emoción se había ido. No había suspenso. En total, ya sabíamos quién sería nominado y quién ganaría las elecciones. Y cuando se contó la votación, y Nixon recibía las felicitaciones, fue una sensación de deja vu. Ya lo habíamos visto y experimentado hace meses.

Mil novecientos sesenta y ocho fue un año muy malo en más de un sentido. Los asesinatos de Martin Luther King, Jr. y Robert Kennedy también ocurrieron durante ese año. Nos han preguntado varias veces por qué Anita no había visto esos eventos y no nos había avisado sobre ellos. Tal vez lo hizo cuando dijo: "No me gusta ese año. Muy pocas cosas buenas en ese año. Tantas personas murieron inútilmente. Mil novecientos sesenta y ocho será un año desastroso, muy problemático y muy malo".

Desde entonces, he aprendido trabajando más con la hipnosis que el sujeto a menudo verá mucho más de lo que cuenta. A menos que se les haga una pregunta directa, es posible que nunca lo mencionen. A menudo las escenas llegan demasiado rápido.

La sesión continuó.

J: Dime, en el año 1968, este país estaba hablando de enviar algo a la luna. ¿Van a llegar?
A: Hacen cosas que van a la luna, pero no como lo están planeado. Las personas aún no irán. El próximo año.
J: ¿Mil novecientos sesenta y nueve?
A: El próximo año la gente llegará a la luna.
J: ¿Volverán?
A: No sin … una tragedia. Todo está muy oscuro, no es bueno en absoluto. No es bueno.
J: ¿Es este país es el que está enviando a esas personas?

A: Llegaremos allí, pero no este año: 1968. En 1969, enviaremos hombres a la luna.

J: *¿Y volverán algunos de ellos?*

A: No sé cuántos van, y no sé cuántos regresan, pero el líder de ello es asesinado. Él va a morir.

Como bien sabemos, aterrizamos en la luna con la primera expedición tripulada en 1969. Nos sentamos frente a nuestros televisores y vimos con asombro cómo otra predicción se hizo realidad. Pero, ¿y la tragedia? Los únicos que conocemos fueron la nave Apollo que ardió en el suelo matando todos a bordo, y los cosmonautas rusos que murieron tratando de llegar a la luna. ¿Podrían haber otras muertes entre los astronautas que el gobierno nunca haya hecho públicas?

J: *Entonces, aterrizarán en la luna. ¿Crees que se supone que deben hacer esto?*

A: No, pero no hace daño a nadie más que a ellos. No debían hacer eso, pero no daña nada. No van a hacer lo que creen que van a hacer. Quieren tener plataformas espaciales. Quieren controlar el mundo. No va a llegar a eso durante mucho tiempo. Algún día, muy lejano, habrá cosas como esas en el espacio. Piensan que ahora pueden conquistar todo con llegar ahí, pero tienen mucho, mucho más que aprender. Mucho que no saben. Nunca harán lo que creen que van a hacer ahora.

J: *¿Planean ir a otros mundos?*

A: Quieren explorar. Piensan que hay cosas por ahí.

J: *¿Hay cosas por ahí?*

A: (Sonrió como si tuviera un secreto.) Oh, sí; ¡Oh sí! Pero no es lo que piensan.

J: *¿Qué son estas cosas que están ahí fuera?*

A: Hay muchos otros planetas, cada uno con vida en ellos. Pero no es lo que esperan encontrar.

J: *¿Esperan encontrar una vida con forma humana, parecidos a ellos?*

A: No, en verdad no. Pero creen que podrán comunicarse de inmediato. Esto no es verdad. No lo harán; no durante mucho tiempo, tal vez nunca. No les veo nunca haciendo eso.

J: *Tienen cosas que han visto y reportado por todo el país. Los llaman "naves espaciales, platillos volantes y bolas de fuego". Dicen que provienen de otro mundo, de otro planeta. ¿Has visto esto?*
A: (Sonriendo nuevamente) ¡Por supuesto!
J: *¿Qué son?*
A: Son vehículos espaciales. Viajan en ellos.
J: *¿Quién está en ellos?*
A: Bueno, eso depende de a qué te refieres. Hay cosas que pueden ver. Ellos piensan que son platillos voladores. Los llaman objetos no identificados, y no son más que un espíritu. A veces, son naves de otro planeta. Básicamente tienen mucho miedo de estas cosas. Si descubren algo, no le dicen nada a los ciudadanos. Están muy asustados de lo que podría ser porque sus comunicaciones no se transmiten.
J: *¿Dices que esos son naves espaciales de otro planeta?*
A: Algunos de ellos, sí.
J: *¿Tienen a personas dentro de ellos? ¿Personas como nosotros?*
A: Podrían ser una persona si quisieran serlo. Los que se han visto en este y los últimos años, son una forma de vida que puede tomar diferentes cuerpos. Un ensamblaje diferente de cosas, hace que luzcan diferentes. Podrían parecer como humanos.
J: *¿Sabes de qué planeta provienen?*
A: No sé el nombre. Me lo dijeron. No puedo recordarlo. No es de este sistema solar. Son de otro. El más cercano a nosotros.
J: *Oh. ¿El sistema solar más cercano a este sistema solar?*
A: Sí. Estan aqui. Son seres muy curiosos. Están en una etapa diferente de desarrollo. Observan la Tierra, sus problemas. Muy rara vez interfieren. Solo observan y aprenden. Son muy curiosos.
J: *¿Crees que aterrizarán en la Tierra y tratarán de vivir aquí?*
A: No, no como piensas. No como estás pensando. Han estado aquí durante mucho tiempo
J: *¿Lo han estado?*
A: Han venido y se han ido. Pueden aparentar ser como personas en la Tierra. Las personas no lo saben cuando les ven. No hacen daño ni hieren a nadie. Solo observan; a veces vienen y viven aquí por un tiempo. La tierra es un lugar muy frenético. No les gusta aquí. Y regresan.
J: *¿Intentan ayudar a las personas?*
A: No, rara vez interfieren.

J: *¿Solo observan para ver lo qué está pasando? ¿Son realmente curiosos?*

A: Sí. Pasaron por una etapa muy similar a esta hace varios miles de años.

Esta fue una información increíble. Especialmente porque durante ese tiempo había poco escrito sobre OVNIS y alienígenas.

Capítulo 13

Kennedy y el escorpión

Las sesiones se habían vuelto tan rutinarias que comenzaban a ser más inventivas. Habíamos cubierto las cinco vidas de Anita tan exhaustivamente como pudimos, y estábamos buscando experimentos nuevos y diferentes para probar. Lo siguiente fue parte de la última sesión que tuvimos. Anita ya había demostrado la capacidad de mirar hacia el futuro y ver eventos específicos. Ahora, amigos sugirieron elegir un evento importante y pedirle que vaya a esa fecha y describa el incidente cuando lo vio suceder. Pensamos que sin duda valdría la pena intentarlo.

El evento más frecuentemente sugerido fue el asesinato del presidente John F. Kennedy, principalmente por el misterio que rodea el incidente. Estas sesiones tuvieron lugar en 1968, solo cinco años después del evento en 1963. La Comisión Warren había completado su investigación y llegó a la conclusión de que Lee Harvey Oswald había actuado solo como el asesino. Aunque se habían especulado sobre otras posibilidades, las conclusiones de la Comisión Warren fueron generalmente aceptadas. Fue solo en años posteriores que otras teorías han recibido alguna credibilidad. Por lo tanto, en 1968, los resultados de este experimento fueron bastante sorprendentes, aunque para los estándares actuales, son más creíbles.

Debido a la naturaleza del experimento, otras personas querían estar presentes en esta sesión. Eran amigos en común que habían estado siguiendo las sesiones y se podía contar con ellos para proteger el anonimato de Anita. Aunque habíamos discutido el tema del experimento, no le habíamos dicho a Anita qué íbamos a intentar hacer. Pensamos que esto agregaría más validez. Tendremos que dejar que los lectores decidan por sí mismos si ella estaba viendo el evento real, y si lo que ella vio podría ser la verdad. Quizás nadie lo sepa realmente.

J: *June, ¿tienes el poder de mirar hacia delante en el tiempo y ver las cosas que van a suceder?*

A: Podría contar muchas cosas sobre Al, solo mirándolo.

J: *¿Alguna vez oíste hablar de Dallas, Texas?*

A: ¿Antes, quieres decir?

J: *Sí, o ahora. ¿Alguna vez has oído hablar de Dallas, Texas?*

A: No.

J: *Es una gran ciudad en Texas. Has oído hablar de Texas, ¿verdad? Ese gran estado en el sur de América.*

A: He oído hablar de Texas. Sí, vaqueros.

J: *Quiero que te concentres y mires hacia el año 1963, durante noviembre, en Dallas, Texas. Algo está pasando allí. ¿Puedes verlo?*

A: Es una gran ciudad, más grande que Chicago. Es muy grande. Debe estar cerca de medio millón o un millón de personas. Gran ciudad.

J: *Bueno, este día de noviembre, esto es ... ah ... (Estaba tratando de recordar qué día ocurrió).*

A: Un día muy cálido, ¿verdad?

J: *Sí. Estás en la última parte de noviembre, alrededor del 22, 23.*

A: El clima es muy diferente. Es un día muy cálido.

J: *Hay un hombre ... en un coche... conduciendo por la calle.*

A: Sí, es un desfile.

J: *¿Un desfile?*

A: Parece un desfile.

J: *¿Ese hombre en el coche, está sentado con otro hombre, y dos mujeres?*

A: El coche abierto, sí.

J: *Sí. Él es el presidente del país.*

A: (Sorprendida) ¡Sí! Que bonita... hermosa mujer.

J: *¿Puedes ver algo que esté pasando?*

A: (Sorprendida) ¡Lo van a matar!

J: *¿Si? ¿Cuando?*

A: Creo que ... este día del que estás hablando. Está atrapado en un fuego cruzado de balas.

Ante esta observación, todos en la sala se miraron y jadearon. ¡Fuego cruzado! Esto nunca se había sugerido en ese momento.

J: *(Sorprendido) ¿Un fuego cruzado?*

A: Sí. Él le han disparado desde el frente y desde la parte posterior.

J: ¿Puedes ver quién está disparando?

A: Sí. Hay dos hombres. Hay un hombre detrás de esa valla allí.

J: ¿Puedes decir quién es él?

A: No sé su nombre. Se le ve diferente. Quizás sea sudamericano o algo así. Parece oscuro.

J: ¿Es un tipo de hombre extranjero?

A: Sí. Habla español ... no habla muy bien este idioma.

J: ¿Y dices que está detrás de una valla?

A: Sí, se paró en un coche... y disparó.

J: ¿Con qué dispararon?

A: (Indignada) Disparó con una pistola.

J: Es decir, ¿qué tipo de arma?

A: Se supone que tiene un cañón más largo. Parece que debería haber sido un rifle, pero no lo es.

J: ¿Tiene un cañón corto?

A: Más corto que un rifle.

J: Y dices que esto estaba detrás de una valla.

A: Sí, una valla de tablones, alta.

J: ¿Y qué tan lejos del coche del Presidente está esta valla?

A: Bueno, no está muy lejos. Es ... No puedo ver la distancia, pero no está muy lejos. El otro hombre está más lejos. Él está en lo alto de ese edificio.

J: ¿Está en un edificio? ¿Puedes decirme el nombre de ese edificio? ¿Puedes leer el nombre o tiene un nombre al frente?

A: Creo que hay algo allí. Es un edificio de almacenamiento. Creo que dice (lentamente como si ella estuviera leyendo) ¿Depósito de libros?

J: ¿Depósito de libros?

A: Sí, eso creo. No estoy segura, pero creo que sí. El edificio está lleno de libros y suministros, en su mayoría libros escolares.

J: ¿Puedes ver a ese hombre? ¿Cómo se ve él?

A: ¡No me gusta! Es flaco, no tiene mucho pelo y tiene ojos graciosos. Tipo redondo de cara. ¡Ese hombre está loco!

J: ¿Está loco?

A: El hombre está enfermo en su mente. Está muy confundido. Es lamentable. Ha hecho muchas cosas malas, pero está completamente convencido de que tiene razón. Incluso ahora, él piensa que ha hecho algo maravilloso por lo que la gente lo va a alabar.

J: *¿Lo hace? ¿Puedes decir lo que ha hecho antes?*

A: Bueno, está confundido. Está teniendo muchos problemas con su esposa. Ella quiere dejarlo, y él está molesto con ella. Y ha intentado todo para ser bueno con ella, y ella quiere mucho más de lo que nunca le podrá dar. Él sabe esto ahora.

J: *¿Dices que este hombre piensa que la gente lo va a alabar por lo que hizo?*

A: La gente con la que está trabajando lo hace.

J: *¿Está trabajando con algunas personas?*

A: Sí.

J: *¿Puedes ver a esta gente?*

A: Vagamente. Él no está estrechamente asociado. Él trató de entrar en este grupo. Y lo eligieron de inmediato por su pasado. Saben que está molesto. Y lo han preparado para hacer esto. Él es el peón sacrificable, se podría decir.

J: *Bueno, si él está haciendo el tiroteo, ¿por qué ese otro hombre también está disparando desde ese auto detrás de la valla?*

A: No van a correr ningún riesgo. Deben estar muy seguros. Ellos quieren matar a este hombre. No pueden correr ningún riesgo.

J: *¿Quiénes son?*

A: ¿Qué quieres decir?

J: *¿Puedes describir a estas personas que hablaron con estos dos hombres para dispararle a esta persona?*

A: ¿Se refiere a su apariencia, o a su organización?

J: *Su organización. Sus nombres, si puedes ver.*

A: No estoy segura de los nombres porque él no ha tenido mucho contacto cercano con ellos. Es difícil saber si no ha tenido contacto. Ellos son comunistas.

J: *¿Es esa su organización?*

A: Sí. Pertenecen a la organización comunista, Partido Comunista.

J: *¿Y dices que este hombre aquí en este edificio de almacenamiento está siendo sacrificado?*

A: Bueno, ellos saben que no puede salirse con la suya con esto. Él no puede salir de ese edificio sin ser visto. La gente va a ver que dispararon un arma desde ese edificio. Saben que lo pillaran, pero lo han convencido de que puede lograrlo. Es una persona muy egoísta. Les cree cuando le dicen que puede hacerlo. Lo atraparán y lo saben, pero piensan... mejor perderlo que no hacerlo. Él no es nada para ellos.

J: *¿Y ... no le han dicho demasiado sobre la organización?*
A: Él sabe muy poco sobre eso.
J: *¿Dices que no estaba cerca?*
A: No en este país. Él ha sido contactado y ha intentado contactarlos.
J: *¿Se puso en contacto con esta organización en otro lugar que no sea este país?*
A: Sí; él estaba en su país, en Rusia. Él sabe sobre este grupo.
J: *Bien. Ahora, en este día de lo que estamos hablando, quiero que mires ese mismo día y me digas dónde estoy. No estoy allí en Dallas.*

Esta fue una prueba que Johnny había ideado de improviso para ver cuánta precisión podíamos atribuir a lo anterior. Anita no tenía manera de saber que estaba a bordo de un portaaviones (USS Midway) acercándose a Hawai en el momento del asesinato. Atracaron en Pearl Harbor al día siguiente.

J: *¿Puedes ver dónde estoy?*
A: (Pausa) Lo estoy intentando, pero no veo ... No puedo ver.
J: *¿No me ves por aquí cerca?*
A: No. No estás cerca de aquí.
J: *No, estoy en otro lugar. Tendrás que escanear todo.*
A: (Pausa) No, no puedo ver. Lo siento.
J: *Bien, June, voy a contar hasta cinco, y estamos llegando a 1968. (Trajo a Anita a la fecha actual).*

Cuando Anita se despertó, lo primero que dijo fue que estaba confundida. Cuando se le preguntó qué pasaba, ella dijo: "Porque me hiciste una pregunta que no pude responder, ¿no es cierto?" Dijo que le había preguntado dónde estaba en cierta fecha. Ella dijo que había visto todo el territorio continental de los Estados Unidos dispuesto debajo de ella como el mapa de un niño. Podía ver el contorno y el agua en los bordes, y el centro se llenó de miles de personas, como tantas hormigas diminutas. Ella recorrió la costa de un lado a otro del mapa, mirando rápidamente cada cara. Luego dijo: "No pude encontrarte. No sé dónde estabas, pero apostaría mi vida a que no estabas en Estados Unidos. Estoy segura de eso".

Entonces, lo que parecía un fracaso en lo que respecta a la prueba, en realidad no fue un fracaso después de todo. Ella simplemente no miró lo suficiente.

Durante el tiempo que estuvimos celebrando las sesiones, el submarino nuclear Scorpion desapareció sin dejar rastro en algún lugar del océano Atlántico en mayo de 1968. Hubo muchas especulaciones sobre lo que le había sucedido. Así que pensamos que sería interesante ver si Anita podía descubrir algo al respecto.

J: June, mientras miras el año 1968, mira el mes de mayo, a mediados de ese mes. Mira hacia el este en ese gran océano.
A: Sí, veo agua.
J: Hacia el este del país, hay un barco que se sumerge bajo el agua. Se llama un submarino. Y ha pasado a otro país, al otro lado del océano. Está volviendo a este país. ¿Puedes verlo? Es un gran gran barco que se sumerge bajo el agua. Debe tener, oh, casi cien hombres en él
A: ¡Uno de ellos está loco, sabes!
J: ¿Uno de los hombres en el barco?
A: Si.
J: ¿Puedes ver el nombre pintado en el barco?
A: No, veo números.
J: ¿Qué números?
A: Es muy difícil de ver. No quiero entrar al agua. Ese hombre se vuelve loco y hace algo que daña el barco. Todos en ese barco van a morir. ¿Sabías eso?
J: No!
A: Se van a sofocar.
J: ¿Por ese hombre?
A: Sí. Él es una persona muy extraña. Se vuelve loco, y entra en una habitación en la que se supone que no debe estar. Y cuando el otro hombre le está hablando, daña algunos controles. El barco comienza a sumergirse, cada vez más profundo, y no puede salir de él.
J: Está en el agua; está bajando?
A: Sí. Va al fondo. Saben que no pueden subir.
J: ¿No pueden salir del fondo?

A: No. Ha hecho algo cuando hizo esto. Golpea el fondo; la nave está dañada, los controles.
J: *¿Qué aspecto tiene este hombre que se vuelve loco y hace esto?*
A: Es un hombre alto y pelirrojo.
J: *¿Puedes ver su nombre en su camisa?*
A: No. Él no tiene un nombre en su camisa. Es solo una camisa caqui.

Supusimos a partir de esto que él debe haber sido un oficial o suboficial, ya que son los únicos marineros que visten de color caqui. Los marineros usualmente usan camisetas con sus nombres escritos en ellas. Al despertar, Anita estaba discutiendo esta visión, y todavía podía visualizar algo de eso. Ella tenía la sensación definitiva de que él no era un oficial. La sensación era muy fuerte de que él era un jefe o un suboficial jefe, más probablemente un jefe.

J: *¿Estos otros hombres a bordo del barco, no deberían ser capaces de reparar los daños del barco?*
A: No pueden. Atasca el control, y cuando golpea, daña el submarino aún más. No pueden. Ese barco se va a sentar allí mismo.
J: *¿Y puedes ver dónde está ahora?*
A: Veo agua a su alrededor. Está muy lejos de cualquier orilla.
J: *¿No pueden hablar con la gente de alguna manera?*
A: No, no pueden. Intentaron demasiado. Intentaron arreglarlo y están perdiendo potencia. Están perdiendo todos los controles en esa nave. Nunca se verá nada de esa nave hasta que se vuelva pedazos por la presión.
J: *¿Se romperá en pedazos?*
A: Si.
J: *¿Alguien encontrará piezas de esa nave?*
A: No en este año de 1968.
J: *¿Va a ser más tarde?*
A: Mucho más tarde. Identificarán pedazos de este. (Pausa) Es muy triste.
J: *¿No pueden los hombres salir y flotar hasta arriba del agua?*
A: No; están muy, muy profundos. Hay algo con relación a qué profundos están; y no pueden irse por esa razón.
J: *¿Tienen que permanecer dentro del barco?*
A: Si intentan salir, morirán inmediatamente. Es un barco extraño. Nunca había visto uno así antes. Muy bien construido, ¿no?

J: *Por qué ... supongo que sí.*

A: Nunca hubiera sucedido si no hubiera sido por ese hombre. Es una pena. Algunas personas con rangos más altos que él lo querían fuera de ese barco, pero no consiguieron el papeleo y él hizo este último viaje con ellos.

J: *Oh, ¿alguien quería sacarlo antes de ir a ese viaje?*

A: Mostró signos de estar bajo presión.

J: *Bueno, ¿esos hombres sobreviven allá abajo mientras está asentado en el fondo? Quiero decir, ¿el barco no va a romperse de inmediato?*

Como nadie sabía lo que le había sucedido a la nave, Johnny pensaba que había una posibilidad de que los hombres permanecieran vivos por un tiempo y quizás fueran rescatados.

A: Pierden oxígeno y luego su potencia para ... deben producir oxígeno. Deben tener aire allí de alguna manera. Pero el barco pierde su potencia poco a poco. En aproximadamente 48 horas, estarán todos muertos.

J: *¿Y todo por culpa de este hombre que manipuló o hizo algo al control?*

A: El quería matarse a sí mismo tan mal que mató a todos los demás con él.

J: *¿Por qué quería hacer eso? ¿Puedes decir?*

A: Está muy preocupado, tiene algunos problemas financieros. Creo que eso es todo. Está muy preocupado, y su esposa lo preocupaba. Él solo quería salir de eso por completo.

J: *¿Puedes ver a otros hombres en el barco? Me imagino que todos están trabajando para solucionar ese problema, ¿verdad?*

A: Algunos de ellos lo hacen. Algunos se desmoronan. Temen que nunca vayan a salir de allí.

J: *¿Alguno de los hombres tiene camisa con nombre en ella?*

Esperábamos que pudiéramos obtener al menos un nombre para verificar que alguien realmente estuviera en la lista como a bordo.

De repente, Anita parecía estar acalorada e incómoda. Ella comenzó a sudar.

A: Hace mucho calor en el barco. Hace mucho calor allí.

J: Oh, ¿te hundiste en el barco?
A: Miré dentro.
J: ¿Puedes ver los nombres en las camisetas de los hombres? ¿Puedes decirnos quién es alguno de los hombres?
A: Los hombres solo tienen sus pantalones cortos puestos, algunos de ellos. No veo ningún nombre Hace mucho calor. No conozco ninguno de los nombres.

Por supuesto, fue decepcionante que no pudiera ver ningún nombre que pudiera ser verificado, pero en este momento nadie sabía el destino del submarino. Tuvimos que esperar como todos los demás hasta que pudieran localizarlo y descubrir qué había pasado. Continuó siendo un misterio por varios meses. Hubo incluso especulaciones de que podría haber sido hundido por un barco ruso. Finalmente, la Marina localizó algo por el sonar que posiblemente podría ser el buque perdido. Como era tan profundo que los humanos no podían descender, enviaron cámaras desde la superficie para tratar de identificar los restos. El siguiente artículo apareció en Corpus Christi Caller (Texas), el viernes 3 de enero de 1969:

La causa de la pérdida de escorpión probablemente fue interna

Fotografías subacuáticas de Washington del submarino nuclear USS Scorpion, que se hundió en las Azores en mayo pasado con 99 hombres a bordo, han convencido a algunos expertos de la Armada de que los problemas dentro del submarino en sí llevaron al trágico accidente, revelaron el jueves fuentes del Pentágono y del Congreso.

"Si el Scorpion hubiera sido golpeado por un torpedo o arañado por un barco de superficie mientras estaba cerca de la superficie, esto habría dejado un daño identificable", dijo una fuente. "Pero las fotos sugieren que hubo problemas dentro del Scorpion que lo arrastraron por debajo de la profundidad hasta el aplastamiento". Se entendió que un tribunal de investigación especial de la Armada en Norfolk, Virginia, que ha estado tomando testimonio desde junio, ha terminado su trabajo. El hallazgo formal y las recomendaciones del tribunal están siendo revisados por Atlantic Fleet Headquarters en Norfolk y se espera que sean enviados al Almirante Thomas H. Moorer, Jefe de Operaciones Navales, dentro de los próximos días. Se espera un anuncio público antes de fin de mes. Fuentes familiarizadas con los

hallazgos de la corte dicen que la causa exacta de la pérdida no ha sido identificada, pero que el rango de causas posibles se ha reducido a cuatro.

Estas son:

Fallo de control. Si el submarino, que regresaba a los Estados Unidos después de una gira por el Mediterráneo, corría rápido y profundo y su mecanismo de inmersión se bloqueaba repentinamente en la posición de "inmersión", habría buceado por debajo de la profundidad antes de realizar correcciones mecánicas. Los expertos dicen que si el barco hubiera estado por encima de los 200 pies de profundidad, como se considera probable, debería haber habido tiempo para corregir tal fallo. "A la tripulación de submarinos se le pregunta qué hacer en tales circunstancias todo el tiempo", dijo un oficial, "pero recuerda, una vez que comienza a descender, va rápido, después de todo, un submarino está hecho para bucear".

Inundaciones por fugas pequeñas. *Testigos en Norfolk dijeron que el Scorpion tenía pequeñas grietas en el casco y en los ejes de la hélice. Cuanto más profundo se haya ido el submarino, mayor habría sido la presión del agua contra las grietas que podría forzar una brecha repentina y una fuga de agua. El barco venía para trabajos de mantenimiento, pero se consideró en condiciones de seguridad para operar hasta una cierta profundidad clasificada.*

Un torpedo que funciona mal dentro del submarino. *De vez en cuando los torpedos se activan accidentalmente. En ese caso, los submarinistas o retroceden el torpedo fuera del tubo y lo desarman, o lo disparan fuera del tubo. Si se trata de un torpedo que está diseñado para afilar el casco de otro barco, hay un procedimiento clasificado que el barco toma para garantizar que el torpedo no se doble en el barco de lanzamiento. Dado que las fotos tomadas por el barco de investigación Mizar no muestran evidencia de una explosión fuera del Scorpion, esto tiende a eliminar la teoría de que el barco fue golpeado por su propio torpedo. Pero no elimina la posibilidad de que un torpedo que no funciona bien haya explotado dentro del buque.*

Pánico. En el caso de cualquiera de los problemas anteriores, uno o más miembros de la tripulación podrían haber entrado en pánico y haber comenzado a tirar de las palancas equivocadas. "Pero se cree que esta tripulación está muy bien entrenada y es estable", dijo una fuente.

Entonces no hay mucho más que se pueda añadir. Si la Marina no podía llegar a una conclusión definitiva, ¿quién más podría? Pero nos preguntamos, ¿Anita realmente vio lo que sucedió a bordo de ese barco?

Capítulo 14

Se cierra el telón

Y Así, el experimento que comenzó tan casualmente se había expandido, abarcando muchos meses y también había abierto muchos nuevos horizontes. Nos habían presentado cinco personalidades fascinantes que de otro modo no hubiéramos conocido, y habíamos emprendido una aventura que no hubiéramos creído posible. En esos pocos meses, las actitudes y formas de pensar de muchas personas habían cambiado para siempre. Sinceramente pensamos que fue un cambio para mejorar.

Aunque Anita todavía quería permanecer en el anonimato, muchos amigos vinieron a casa durante esos meses para escuchar el último capítulo, como una historia continua. Muchas de estas personas no la conocían y así lo quería ella. Escucharían la última grabación en un estado de asombro e incredulidad total, y la comentarían después. Todos estábamos expuestos por primera vez a una forma de pensar totalmente nueva. Estábamos siendo bombardeados por nuevas ideas y conceptos que no tenían comparación con nada a lo que hubiéramos podido estar expuestos anteriormente. Aunque algunos estaban confundidos y asombrados al ver amenazadas y ampliadas sus creencias, no tenían explicación para las cosas que surgieron durante las sesiones.

Todos ofrecieron muchas sugerencias sobre cosas nuevas que probar, nuevos caminos para explorar. Las posibilidades parecían interminables. Tal vez podríamos intentar anticipar ciertos eventos futuros. Había hecho tan bien mirando hacia atrás en la desaparición del Escorpión y el asesinato del presidente Kennedy, tal vez podría mirar otros eventos históricos específicos y ver lo que realmente había sucedido. La muerte de Adolf Hitler en el búnker de Berlín fue una posibilidad que se mencionó. Hubo un sinnúmero de otros, cuyos pensamientos fueron emocionantes y desafiantes. Parecía que estábamos en el umbral de todo conocimiento, limitado solo por nuestra imaginación. Entonces, en medio de todo esto, ¿qué pasó? ¿Por qué de repente llegó a su fin el experimento, para dejar las cintas acumulando polvo en un estante durante 11 años?

Todo se detuvo en seco en una noche oscura en septiembre de 1968. Muchas coincidencias (si es que existen) sucedieron esa noche para llevar todo a un clímax atronador que cambiaría para siempre el curso de nuestras vidas.

Johnny había estado jugando a los bolos en una liga en la ciudad y estaba volviendo a su deber en la base. Las máquinas de bolos habían estado actuando raro esa noche y él se iba más tarde de lo habitual. (¿Coincidencia?) Al mismo tiempo, un oficial naval había estado bebiendo en el Club "O" (Club de Oficiales) en la base todo el día, y había escogido ese momento para decidir irse a su casa en la ciudad. En muchas otras ocasiones, este hombre había estado en problemas debido al alcohol, y más tarde diría que ni siquiera recordaba lo que había sucedido esa noche.

La película en la base había terminado, y estaba formándose una larga fila de tráfico que se alejaba de la base hacia la ciudad. El oficial decidió intentar pasar la fila de coches por completo y Johnny se encontró cara a cara con los faros cegadores en una curva, sin forma de escapar. Resultó en una terrible colisión frontal, con Johnny aplastado y destrozado en el metal de su Volkswagen Van.

Toda la fuerza fue dirigida a sus piernas y la arteria principal en su tobillo fue cortada. También sufrió tres conmociones cerebrales. Por coincidencia (?), un miembro del cuerpo médico viajaba en el coche directamente detrás suyo y fue el primero en la escena. Solo su tratamiento de emergencia evitó que Johnny muriera desangrado inmediatamente. Lo que siguió fueron 45 minutos de agonía indescriptible cuando los equipos de emergencia trataron desesperadamente de sacarlo del coche. El médico en la escena había llegado a la conclusión de que la única solución era amputarle las piernas en el coche para liberarlo. Dudó porque temía que el shock lo matara. Johnny había permanecido consciente a pesar de los medicamentos que le habían dado, y la morfina parecía no tener ningún efecto.

Entonces, el departamento de bomberos voluntario decidió probar un método más. Si fallaba, entonces la amputación sería la única alternativa. Engancharon uno de sus camiones al frente y otro vehículo a la parte trasera del coche e intentaron separar el metal. Tuvo éxito y lo subieron apresuradamente a un helicóptero en espera y emprendió el camino hacia el Hospital Naval de Corpus Christi, a 70 millas de distancia.

Durante el vuelo frenético, perdió toda la sangre en su cuerpo, y su corazón se detuvo tres veces. Su sangre era un tipo raro, A negativo, y todo lo que estaba disponible era tipo O, el tipo de donante universal. Supusieron que en ese momento ya no importaba, tenían que conseguir algo dentro de él. El doctor comenzó a desesperarse porque no podía meter las agujas en las venas de Johnny. Luego, una vez más, por coincidencia (?), había un soldado a bordo que acababa de regresar de Vietnam, y preguntó si podría probar un procedimiento que había realizado durante la guerra. Hizo un corte directo en la arteria femoral e insertó la aguja allí. Más tarde recibió una mención por sus acciones esa noche.

El helicóptero aterrizó en el césped del hospital y Johnny fue llevado rápidamente a emergencias, donde cinco médicos trabajaron frenéticamente sobre él. Tenía la cara destrozada, había sufrido tres conmociones cerebrales, había perdido toda la sangre en su cuerpo y sus piernas estaban rotas como unos cristales de una ventana. Los doctores solo hicieron procedimientos de emergencia. Estaban seguros de que no podría durar toda la noche.

El doctor de la base había regresado con el helicóptero antes de que me avisaran y se ordenó una ambulancia que me llevara al hospital de Corpus Christi. El doctor fue bastante sincero, pero también amable, ya que me dijo que ya era demasiado tarde, que Johnny podría estar muerto antes de que pudiera llegar allí. Incluso si pudiera vivir, había perdido demasiada sangre durante demasiado tiempo y tenía conmociones cerebrales por lo cual seguramente habría daño cerebral. Seguramente estaría en un estado vegetal. Y sus dos piernas casi con seguridad serían amputadas. Tenía demasiadas cosas apiladas en contra suya.

Solo alguien que ha pasado por una experiencia similar a esta podría posiblemente conocer las emociones que pasaron por mi mente. Aquí había un hombre que había amado durante 20 años. Él estaba sufriendo terriblemente, y no había nada que pudiera hacer para ayudarle. Todo comenzó a parecer un sueño, un aspecto irreal, mientras recorría las 70 millas hasta el hospital en la ambulancia.

El conductor y el médico fueron amables y comprensivos, pero no podían saber lo que estaba pasando por mi mente. Sabía desde algo muy profundo de mí que Johnny no moriría. No me permitiría pensar por un solo minuto que podría suceder eso. Supongo que esto podría llamarse una negación típica de la realidad frente a una tragedia. Pero sabía algo que ellos no sabían, y me aferré a ello con todas mis fuerzas.

En una de las cintas le pedimos a Anita que mirara hacia adelante en nuestro futuro y nos dijera qué haríamos dentro de unos años. Ella había dicho: "Te veo en un estado del sur, en un cambio de estaciones, pero los inviernos no son tan severos como en el norte. Un lugar muy hermoso, no una granja, pero con tierra a tu alrededor. Vas a vivir una vida muy larga. Te veo como un hombre muy viejo. Tienes bisnietos a tu alrededor. (Nuestra hija mayor tenía sólo 15 años en el momento del accidente). Veo la bondad a tu alrededor. Estás aprendiendo, las lecciones están comenzando a llegar. Por eso vas a vivir mucho tiempo. Conseguirás mucho en esta vida. Ayudarás a muchas personas."

Lo que habíamos experimentado durante los meses que trabajamos en el experimento hipnótico había dejado una impresión duradera. Sabíamos en nuestros corazones que lo que Anita había informado en trance era cierto, y lo creíamos. Y, si lo creíamos, teníamos que creerlo todo. Así que sabía que no podía morir, no si Anita le veía vivo y bien en el futuro. Así que me aferré a mi secreto y me dio fuerzas que no sabía que poseía.

Cuando llegué al hospital, me llevaron a una sala de espera. Nunca olvidaré la visión de esos cinco doctores cuando entraron a la habitación, cada uno diciéndome algo diferente que mataría a Johnny durante la noche. Las lesiones fueron demasiado extensas; demasiada pérdida de sangre; demasiado shock. Los numerosos cortes en sus piernas habían liberado fragmentos de hueso, médula ósea, coágulos de sangre y coágulos de grasa en su torrente sanguíneo. Nadie había vivido en esta condición antes.

Sé que los doctores estaban tratando de prepararme para lo peor, y deben haber pensado que era extraño que yo no fuera más emocional. Pero mantuve mi secreto dentro de mí. Sabía cosas que ellos no podían saber. Les dije: "Lo siento, pero estás equivocado, no morirá. No le conoces. Si hay un camino, lo encontrará".

Los doctores estuvieron callados por unos momentos. Entonces uno de ellos dijo: "Bueno, si tiene ese tipo de personalidad, podría tener una oportunidad".

Cuando vi a Johnny en la Unidad de Cuidados Intensivos (UCI), estaba casi irreconocible. Su cara y cabeza habían sido cosidas a toda prisa, y dos hombres grandes le sostenían sobre la cama. Sus heridas en la cabeza le habían vuelto delirante y violento. Tenía los ojos desorbitados y obviamente estaba en estado de shock. No sabía quién era yo. Incluso no creo que me haya visto.

Sabía que no había nada que pudiera hacer para ayudarle. Así que fui a la habitación que me habían dado, y oré: "No hay nada que nadie más pueda hacer. Él está en tus manos ahora. Hágase tu voluntad". Y caí en un sueño profundo, seguro de que estaría mejor por la mañana. El día siguiente amaneció gris y lluvioso. Tiempo que se adecuaba a la ocasión. Cuando entré a la UCI, vi que el primero de los "milagros" había ocurrido. Había sobrevivido a la noche. Ya no estaba atado, yacía durmiendo. Los doctores dijeron que todavía estaba en el aire. El siguiente "milagro" sucedió más tarde cuando recuperó la conciencia momentáneamente. Los doctores se pararon alrededor de la cama y le hicieron preguntas: ¿Sabía dónde estaba? ¿Sabía quién era él? ¿Sabía él quién era yo? Luego, con grandes sonrisas, dijeron, "¡Es coherente, su cerebro no está afectado!"

Mientras estaba sentada junto a su cama los siguientes días y noches, mientras él dormía se despertaba de repente con los ojos desorbitados y asustado. Entonces me veía sentada allí y se volvía a dormir en paz. Los doctores decían que cada vez que un trozo de médula ósea golpeaba su cerebro había un lapso de memoria, por lo que las siguientes semanas fueron muy confusas para él.

El "Milagro" número tres comenzó a suceder esa primera semana. Su cara comenzó a sanar con asombrosa rapidez. Los puntos se quitaron y los daños comenzaron a desaparecer increíblemente rápido, dejando solo leves rastros de cicatrices.

Enfermeras y médicos se detenían junto a la cama para mirarlo, una vez me pidió que le diera un espejo. Al mirar su reflejo, dijo: "¿Qué están mirando todos? ¡No hay nada de malo en mi cara! "

Respondí: "Es por eso que te están mirando".

Hablé con el médico que había cosido apresuradamente la cara esa noche y le dije: "Realmente hiciste un buen trabajo en condiciones difíciles".

"Escucha", dijo, con una mirada confundida en su rostro. "No lo entiendo. Esperaba hacer al menos cinco operaciones de cirugía plástica. ¡Ahora no voy a tener que hacer nada!"

Todos parecían compartir la sensación de que una fuerza extraña estaba trabajando aquí, algo no natural. Las enfermeras me dijeron que habían visto a personas morir con heridas ni siquiera la mitad de severas que las suyas. La noticia comenzó a extenderse rápidamente por el hospital sobre el Hombre Milagro en la UCI. No pude evitar regodearme interiormente, porque ¿no había sentido desde un principio que la ayuda provendría de una fuerza superior? Secretamente regodeándome, tal vez, pero también estaba extremadamente agradecida de que hubiera una fuerza superior que se encargara de las cosas.

Cuando se hizo evidente que después de todo seguiría viviendo, se dispusieron a tratar de salvar sus piernas. Decidieron no amputar por el momento y lo colocaron en un yeso corporal que le llegaba desde las axilas hasta los dedos de los pies. Esta iba a ser su prisión durante ocho largos meses.

Después del primer mes en la UCI, fue transferido a la sala del hospital. Debido a la ruptura de la arteria principal en el tobillo, la circulación no volvió a su pie y se volvió gangrenoso, por lo que finalmente perdió su pie. ¡Pero eso era mucho mejor que perder ambas piernas!

Un médico me hizo sentir muy orgullosa cuando me dijo: "Sabes, mereces algo de crédito por esto. Debe haber sido un hombre muy feliz. No quería morir".

Johnny pasó más de un año en ese hospital, y finalmente fue dado de baja de la Marina de los EE. UU. como un veterano discapacitado con 21 años en el servicio. Dijeron que probablemente estaría en una silla de ruedas el resto de su vida. Sus piernas habían sido destrozadas demasiado para soportar su peso. Pero nuevamente estaban equivocados. Subestimaron el coraje de un hombre. Ahora camina con la ayuda de un corsé y muletas.

En los años posteriores, hubo muchos ajustes por hacer. Nos retiramos a vivir con una pensión en Arkansas, a un lugar que coincidía con la predicción de Anita.

Algunas personas han dicho, bastante crueles, que lo que le sucedió a Johnny fue un castigo. Un castigo por hurgar en rincones prohibidos, por mirar cosas ocultas que no debía investigar o saber. ¡Reencarnación! ¡Obra del diablo! No. No puedo, no lo aceptaré. El Dios que se nos mostró durante las sesiones hipnóticas era bueno, amable, cariñoso y extremadamente paciente. Este tipo de Dios era incapaz de tal cosa. Que el accidente ocurrió por alguna razón, no tengo dudas. Pero como un castigo? ¡Nunca! ¡Me parece una explicación impensable!

Me he preguntado en momentos de reflexión si hubiera tenido la fuerza para manejar estos horribles eventos sin esa breve visión de nuestro futuro. Sin este presentimiento de que todo iba a estar bien, ¿habría colapsado bajo el estrés y la tensión mental de cuidar a una familia y a un marido agonizante? Por lo tanto, sé que las sesiones sirvieron para muchos propósitos. Proporcionaron información desconocida y sorprendente para muchas personas que nunca antes habían pensado en esas cosas. Y también nos prepararon para eventos que seguramente nos habrían desbordado de otra manera. Por ambas razones, las sesiones hipnóticas que ocurrieron durante esos pocos meses en 1968 cambiaron nuestras vidas para siempre.

En estos días de grave preocupación por el futuro, ya no se considera sacrilegio cuestionar la razón de la vida. Los últimos tabúes finalmente se están despojando del misterio de la muerte y del más allá.

Tal vez hay personas que comenzaron como escépticos como nosotros. Tal vez este relato de nuestra aventura hacia lo desconocido los alcance y los ayude. Porque, no dijo ella, cuando estábamos hablando con el Espíritu Perfecto, "Aprenderé y ayudaré a la gente de la Tierra, a la familia. Solo la Tierra está tan llena de problemas que nos ha pedido que regresemos y ayudemos. Y debemos ayudar a la gente de allí. Él los creó, sabía al crearles que no harían lo que Él pedía. Pero se sintió obligado, en su bondad, el más hermoso de todos los planetas, a darle humanos, un animal con conocimiento. Y sabía que no usarían el conocimiento correctamente".

Entonces, tal vez al escribir este libro, estoy cumpliendo, a mi manera, nuestra parte de esta obligación.

Al escuchar las cintas, uno se pregunta: "¿De dónde vino todo esto?" La primera y más obvia posibilidad es: "del subconsciente". Pero uno todavía debe preguntarse, "¿Cómo llegó allí en primer lugar?" No pretendemos saberlo, ni puede saberlo nadie más. Solo podemos especular y maravillarnos con la complejidad de la mente humana.

Y así desciende el telón de nuestra aventura, con muchas, muchas preguntas aún sin respuesta.

Epílogo

Muchas personas me han preguntado qué pasó con los personajes principales de nuestra historia. Quisieron especialmente saber qué fue de Anita. Todavía vivía en Texas cuando nos mudamos a Arkansas para comenzar a reconstruir nuestras vidas. Durante las regresiones, ella había mirado hacia adelante para ver qué estaría haciendo en 1970. Se vio a sí misma en un estado del noreste donde los inviernos eran más severos. Describió el lugar y añadió: "Mi esposo me ayudó a hacer esta mudanza, pero ni siquiera habíamos terminado de desempaquetar y se marchó. Vuela a algún lugar en un avión. Se fue antes de lo que se esperaba".

Después de que nos acomodamos, escribí a Anita en 1970. Creía tanto en la predicción que estaba segura de que ya no estaba en Beeville. Escribí con confianza en el sobre, "Por favor, reenviarlo". En unos pocos meses recibí una respuesta desde Maine. Habían sido trasladados a un lugar que coincidía con su descripción. Pensó que era gracioso que la otra parte de la predicción también se hubiera hecho realidad. Sus pertenencias acababan de ser entregadas y aún estaba rodeada de cajas de embalaje cuando su esposo anunció que lo enviarían a la academia por unos meses. Anita tendría que manejar la organización de la casa por sí misma. Estaba muy feliz de estar en el este y se sentía muy agusta allí. Nos mantuvimos en contacto hasta mediados de la década de 1970, pero no hemos tenido noticias de ella desde entonces.

Después de años de recuperación y rehabilitación, Johnny salió de la grave depresión que acompaña a este tipo de tragedia. Es muy activo con grupos sociales, clubes de radioaficionados y organizaciones de veteranos, y de hecho ayuda a muchas personas. Su vida ha ido en una dirección completamente diferente y ya no tiene interés en la hipnosis. Él todavía cree en la reencarnación y sabe que descubrimos una gran cantidad de información valiosa, pero su vida ha cambiado tanto que ya no quiere seguir con experimentos hipnóticos.

Aunque la chispa encendida por la experiencia que compartimos estuvo latente durante 11 años, se encendió cuando comencé a trabajar en este libro. Mis hijos salían de casa, se casaban o iban a la universidad. Todos llevaban sus propias vidas y se hizo evidente que tendría que encontrar algo para llenar esas horas ahora vacías. Supongo que lo que elegí hacer no sería la respuesta para la esposa y madre promedio. Mis intereses eran más hacia lo extraño. Mientras armé este libro en 1979, descubrí que disfrutaba escribiendo, y esto me llevó a escribir artículos para revistas y periódicos mientras intentaba hacer llegar el libro a las editoriales interesadas. Mi interés en la reencarnación nunca había muerto, solo había estado en suspenso durante 11 años. Siempre debe haber estado escondido debajo de la superficie. Revivir esta experiencia a través de la transcripción de las cintas y escribir sobre el experimento me llevó a querer explorar más este campo. Si Johnny ya no estaba interesado en este tipo de investigación, decidí que tendría que aprender hipnosis y hacer este trabajo por mi cuenta. Durante la década de 1960, la técnica popular fue el uso de métodos de inducción largos y la utilización de pruebas para determinar la profundidad del trance. No me gustaba este tipo, así que busqué métodos más simples. Descubrí que se podía obtener una inducción más rápida utilizando técnicas de visualización. Me convertí en un regresionista. Este es un término para un hipnotizador que se especializa en regresiones de vidas pasadas, terapia de vidas pasadas e investigación de reencarnaciones. Comencé a realizar experimentos en serio en 1979, y he trabajado con psicólogos utilizando esto como una herramienta en la terapia de vidas pasadas. En los últimos 30 años, he retrocedido y catalogado miles de casos. En 1986, me convertí en un investigador hipnótico de MUFON (Mutual UFO Network) y trabajé en casos sospechosos de abducción. Durante esos años he escrito quince libros sobre mis casos más interesantes e inusuales. He acumulado tanta riqueza de materiales que hay muchos más libros por escribir. Establecimos Ozark Mountain Publishing en 1991 para difundir el conocimiento y la información de la metafísica a personas de todo el mundo.

Por lo tanto, este libro es la historia de mi comienzo en este campo fascinante. Todo comenzó a través del trabajo y la curiosidad de mi esposo. No era más que un observador que sostenía el micrófono para el sujeto en trance y hacía numerosas notas. Pero si no hubiera sido por este comienzo inocente e ingenuo, nunca me hubieran llevado a buscar el camino que ha llevado a numerosos viajes por el camino de lo desconocido. Sin este evento extraño e inusual que ocurrió en mi vida durante 1968, probablemente sería una ama de casa y una abuela "normal", y ninguna de estas aventuras se habría registrado jamás. Tales son las leyes del azar y ... ¿coincidencia?

Creo que nunca se nos da más de lo que podemos manejar. La información que descubrimos en 1968 fue alarmante en extremo. Sin embargo, lo que he encontrado en mi trabajo en los años siguientes ha sido aún más complejo. Nunca podría haberlo manejado todo al principio. Por lo tanto, parece que el conocimiento debe darse lenta y sutilmente para que sea aceptado y no se encuentre abrumador. Se ha dicho que una vez que la mente se ha expandido por una idea o concepto, nunca puede volver a su forma de pensar original. Así, cada etapa de mi trabajo ha causado una mayor expansión. Lo que descubrí en 1968 ahora parece bastante simple y rudimentario. Sin embargo, formaba parte del todo para que subiera al escenario en el que estoy ahora. Cuando se ve en este concepto, cada conocimiento es esencial y necesario. Espero que así sea, y que pueda seguir creciendo y explorando lo desconocido, y llevar a mis lectores conmigo.

Johnny Cannon pasó 25 años en silla de ruedas, pero pudo caminar afuera con la ayuda de un aparato ortopédico y muletas. Condujo un automóvil especial controlado a mano mientras ayudaba a personas de todo el condado como oficial del servicio de veteranos. Murió en 1994 y de hecho vivió para ver a sus bisnietos. Este libro está dedicado a este hombre notable y al tremendo legado que dejó.

ACERCA DEL AUTOR

DOLORES CANNON nació en 1931 en San Luis, Missouri, Estados Unidos. Ella estudió y vivió en Missouri hasta que se caso en 1951 con un marino del ejercito. Ella se paso los próximos 20 años viajando alrededor del mundo como una esposa típica de un marino, criando a su familia.

En 1968 ella tuvo su primera experiencia de reencarnación a través de hipnosis regresiva cuando su esposo, un hipno terapeuta amateur, se encontró trabajando con una mujer que tenia problemas de sobre peso y entro a una vida pasada. En ese tiempo el concepto de "vida pasada" no era muy convencional y muy poca gente tenia la experiencia en ese campo. Encendió su interés, pero tuvo que dejarlo a un lado para atender las demandas de su familia.

En 1970 su esposo fue relevado como un veterano discapacitado y se retiraron a las colinas de Arkansas. Después ella comenzó su carrera de escritora e inicio vendiendo sus artículos a varias revistas y periódicos. Cuando sus hijos comenzaron a ser independientes, su interés en la hipnosis regresiva y reencarnación volvió a despertar. Ella estudio varios métodos de hipnosis y de esa manera desarrollo su propia técnica la cuál le permitió obtener las más eficientes aperturas de información de sus clientes. Desde 1979 ella hizo regresiones y catalogo información obtenida de sus miles de voluntarios y clientes. Ella se nombró a si misma como una regresionista e investigadora psíquica quien registra "el conocimiento perdido". Ella también trabajó con MUFON (Mutual UFO Network – red mutua de investigación OVNI) por muchos años.

En 1986 expandió sus investigaciones en el fenómeno OVNI; haciendo estudios de campo en lugares donde se sospechaba que hubo aterrizajes de naves de OVNI, asi como también investigo el fenómeno de los campos de cultivo o agro gramas en Reino Unido, la mayoría de su trabajo en este campo ha sido la acumulación de evidencia de personas bajo hipnosis que sospechaban que habían sido abducidas.

Dolores fue una conferencista internacional, la cuál impartió seminarios en todos los continentes; sus 19 libros han sido traducidos a 20 diferentes idiomas. Ella ha dado entrevistas en radio y televisión para audiencias alrededor del mundo; asi como también artículos por y acerca de Dolores han aparecido en varias revistas, periódicos, programas televisivos y documentales internacionales y en los Estados Unidos. Dolores fue la primer estadounidense y primer extranjera en recibir el "Premio Orpheus" en Bulgaria, por el alto avance en investigación del fenómeno psíquico. Dolores también recibió el premio "Sobresaliente Contribución y Trayectoria de Vida" de diversas organizaciones de hipnosis.

Dolores ha tenido una numerosa familia quien mantiene su balance y solidez.

Other Books by Ozark Mountain Publishing, Inc.

Dolores Cannon
A Soul Remembers Hiroshima
Between Death and Life
Conversations with Nostradamus,
　Volume I, II, III
The Convoluted Universe -Book One,
　Two, Three, Four, Five
The Custodians
Five Lives Remembered
Jesus and the Essenes
Keepers of the Garden
Legacy from the Stars
The Legend of Starcrash
The Search for Hidden Sacred
　Knowledge
They Walked with Jesus
The Three Waves of Volunteers and
　the New Earth
A Vey Special Friend
Aron Abrahamsen
Holiday in Heaven
James Ream Adams
Little Steps
Justine Alessi & M. E. McMillan
Rebirth of the Oracle
Kathryn Andries
Time: The Second Secret
Cat Baldwin
Divine Gifts of Healing
The Forgiveness Workshop
Penny Barron
The Oracle of UR
P.E. Berg & Amanda Hemmingsen
The Birthmark Scar
Dan Bird
Finding Your Way in the Spiritual Age
Waking Up in the Spiritual Age
Julia Cannon
Soul Speak – The Language of Your
　Body
Ronald Chapman
Seeing True

Jack Churchward
Lifting the Veil on the Lost
　Continent of Mu
The Stone Tablets of Mu
Patrick De Haan
The Alien Handbook
Paulinne Delcour-Min
Spiritual Gold
Holly Ice
Divine Fire
Joanne DiMaggio
Edgar Cayce and the Unfulfilled
　Destiny of Thomas Jefferson
　Reborn
Anthony DeNino
The Power of Giving and Gratitude
Carolyn Greer Daly
Opening to Fullness of Spirit
Anita Holmes
Twidders
Aaron Hoopes
Reconnecting to the Earth
Patricia Irvine
In Light and In Shade
Kevin Killen
Ghosts and Me
Donna Lynn
From Fear to Love
Curt Melliger
Heaven Here on Earth
Where the Weeds Grow
Henry Michaelson
And Jesus Said – A Conversation
Andy Myers
Not Your Average Angel Book
Guy Needler
Avoiding Karma
Beyond the Source – Book 1, Book 2
The History of God
The Origin Speaks

For more information about any of the above titles, soon to be released titles,
or other items in our catalog, write, phone or visit our website:
PO Box 754, Huntsville, AR 72740|479-738-2348/800-935-0045|www.ozarkmt.com

Other Books by Ozark Mountain Publishing, Inc.

The Anne Dialogues
The Curators
Psycho Spiritual Healing
James Nussbaumer
And Then I Knew My Abundance
The Master of Everything
Mastering Your Own Spiritual Freedom
Living Your Dram, Not Someone Else's
Sherry O'Brian
Peaks and Valley's
Gabrielle Orr
Akashic Records: One True Love
Let Miracles Happen
Nikki Pattillo
Children of the Stars
A Golden Compass
Victoria Pendragon
Sleep Magic
The Sleeping Phoenix
Being In A Body
Alexander Quinn
Starseeds What's It All About
Charmian Redwood
A New Earth Rising
Coming Home to Lemuria
Richard Rowe
Imagining the Unimaginable
Exploring the Divine Library
Garnet Schulhauser
Dancing on a Stamp
Dancing Forever with Spirit
Dance of Heavenly Bliss
Dance of Eternal Rapture
Dancing with Angels in Heaven
Manuella Stoerzer
Headless Chicken
Annie Stillwater Gray
Education of a Guardian Angel
The Dawn Book
Work of a Guardian Angel

Joys of a Guardian Angel
Blair Styra
Don't Change the Channel
Who Catharted
Natalie Sudman
Application of Impossible Things
L.R. Sumpter
Judy's Story
The Old is New
We Are the Creators
Artur Tradevosyan
Croton
Croton II
Jim Thomas
Tales from the Trance
Jolene and Jason Tierney
A Quest of Transcendence
Paul Travers
Dancing with the Mountains
Nicholas Vesey
Living the Life-Force
Dennis Wheatley/ Maria Wheatley
The Essential Dowsing Guide
Maria Wheatley
Druidic Soul Star Astrology
Sherry Wilde
The Forgotten Promise
Lyn Willmott
A Small Book of Comfort
Beyond all Boundaries Book 1
Beyond all Boundaries Book 2
Beyond all Boundaries Book 3
Stuart Wilson & Joanna Prentis
Atlantis and the New Consciousness
Beyond Limitations
The Essenes -Children of the Light
The Magdalene Version
Power of the Magdalene
Sally Wolf
Life of a Military Psychologist

For more information about any of the above titles, soon to be released titles, or other items in our catalog, write, phone or visit our website:
PO Box 754, Huntsville, AR 72740|479-738-2348/800-935-0045|www.ozarkmt.com

www.ingramcontent.com/pod-product-compliance
Lightning Source LLC
Chambersburg PA
CBHW062205080426
42734CB00010B/1797